最高の工務店が教える、高断熱木造住宅の秘訣

# エコハウス現場写真帖

著：岸野浩太（夢・建築工房）

X-Knowledge

## はじめに

住み心地のよい家をつくることを目標に夢・建築工房を設立して、今年で22年が経ちました。当初より住み心地のよい家には高断熱・高気密技術が必須と思い、全棟で気密測定を行い、C値（相当隙間面積）が0.5以下になるように施工してきましたが、8年ほど前Q値（総熱損失係数）が1.0を切る住宅を何棟も見学させてもらい、これからの住宅はQ値が1.0を切ることだと確信し、その日から試行錯誤を繰り返しながらQ1.0住宅（新住協が進める高断熱住宅・エコハウスの総称）を施主の生活スタイルに合わせながら多種多様な形で施工してきました。事務所スタッフ皆でシートを張ったり断熱材を入れたり、大工さんと夜中まで納まりについて話し合ったりしながらQ1.0住宅の施工技術を高めていき、現在では地域の皆さんに「ゆめけんの家＝Q1.0住宅」として認知され、嬉しいことに多くの依頼をいただきながら、年間棟数を12棟程度に決めて施工しています。

Q1.0住宅は、地元・埼玉のような冬の日当たりもある程度期待できる温暖地であれば、太陽の日射熱・人が発熱する熱・冷蔵庫など家庭機器の熱だけで、真冬の90％近くの暖房を補うことができる省エネルギーな住宅です。もちろん夏も小型のエアコン1台で快適に過ごすことができます。複雑な設備も必要ありません。必要な断熱性能に合わせて、断熱材を納めるだけです。

しかし、どれだけよい設計をしても、正しく施工されなければ、十

分な効果は発揮できません。それどころか、防湿・気密・断熱・防水・透湿などを正確に行わないと、さまざまな不具合の原因になります。一方で、まだ多くの工事現場で、正しく施工されていない例を見かけます。多くは、正しい知識と経験がないことが原因ですが、エコハウスがもてはやされ、住宅の省エネ基準が義務化を目前に控えるという状況のなか、この施工不良の問題は今後大きくなっていくことが考えられます。

そのような現状のなか、「建築知識ビルダーズ」の編集部の方に高断熱・高気密住宅の施工を解説してみないかと誘われ、かねてから思っていた誰もがつくれるQ1.0住宅のきっかけになればと思い、本書を執筆することになりました。実際の工事現場で何が行われているのか、何を見ればよいかが分かるように、写真を多用して、特に大事な部分は図面を入れさせていただきました。また、断熱・気密工事以外の部分でも、同様の工事や関連する工事が発生しますので、1棟丸ごとのほぼすべての工事を網羅しています。この本を手に取っていただき、Q1.0住宅をはじめとするエコハウスや高断熱住宅をやってみよう、より施工精度を高めた家づくりをしてみようと、思っていただけると幸いです。

夢・建築工房　岸野浩太

## CONTENTS

- 002 はじめに
- 006 本書の使い方

### 1章 遣り方・地業・基礎
- 008 1 現地調査
- 009 2 遣り方
- 010 3 根切り・砕石転圧
- 011 4 捨コン・基礎断熱
- 012 5 配筋検査①
- 013 6 配筋検査②
- 014 7 配筋検査③
- 015 8 耐圧版打設
- 016 9 立ち上がり打設

### 2章 土台敷き・建方
- 018 1 土台敷き①
- 019 2 土台敷き②
- 020 3 建方①
- 021 4 建方②
- 022 5 建方③
- 023 6 建方④
- 024 7 建方⑤
- 025 8 建方⑥
- 026 9 建方⑦

### 3章 窓・玄関
- 028 1 樹脂サッシ①
- 029 2 樹脂サッシ②
- 030 3 木製サッシ①
- 031 4 木製サッシ②
- 032 5 外付けブラインド
- 033 6 外付けロールスクリーン
- 034 7 玄関ドア①
- 035 8 玄関ドア②
- 036 9 玄関

### 4章 外壁
- 038 1 ボード気密①
- 039 2 ボード気密②
- 040 3 透湿防水シート
- 041 4 通気胴縁①
- 042 5 通気胴縁②
- 043 6 通気胴縁③
- 044 7 サイディング①
- 045 8 サイディング②
- 046 9 モルタル吹付け①
- 047 10 モルタル吹付け②
- 048 11 板張り

## 5章 断熱

- 049　5章 断熱
- 050　1 壁の充塡断熱
- 051　2 付加断熱
- 052　3 配線・コンセント
- 053　4 桁上断熱
- 054　5 天井吹込み断熱
- 055　6 桁上断熱・天井吹込み断熱
- 056　7 天井吹込み断熱（サンドイッチ）
- 057　8 屋根付加断熱
- 058　9 屋根断熱①
- 059　10 屋根断熱②
- 060　11 屋根断熱③
- 061　12 下屋の断熱
- 062　13 床断熱①
- 063　14 床断熱②
- 064　15 床断熱③

## 6章 屋根・バルコニー

- 065　6章 屋根・バルコニー
- 066　1 金属屋根①
- 067　2 金属屋根②
- 068　3 化粧スレート
- 069　4 瓦屋根
- 070　5 下屋
- 071　6 寄棟
- 072　7 バルコニー①
- 073　8 バルコニー②
- 074　9 既製バルコニー

## 7章 造作・設備

- 075　7章 造作・設備
- 076　1 床板張り①
- 077　2 床板張り②
- 078　3 木製階段①
- 079　4 木製階段②
- 080　5 鉄骨階段①
- 081　6 鉄骨階段②
- 082　7 ハーフユニットバス①
- 083　8 ハーフユニットバス②
- 084　9 太陽熱集熱パネル
- 085　10 換気設備

- 086　エコハウス現場用語辞典
- 100　索引
- 102　プロフィール
- 103　おわりに

デザイン：マツダオフィス
DTP：シンプル
印刷：シナノ書籍印刷

# 本書の使い方

本書は頁をパラパラとめくるだけでエコハウスの工事を追体験できるような内容になっていますが、さまざまな情報を詰め込んでいるので、本書の使い方を簡単にご紹介。なお、解説には専門用語が多々出てきますが、巻末の「エコハウス現場用語辞典」を参照していただくとより理解が深まると思います。

**Point 1** 写真や解説は各工事の作業の順番に並んでいます。同時進行の場合もありますが、数字の順番に見ていただければ、その工事を追体験できるようになっています

**Point 2** 工事は1頁から3頁ごとにまとめられており、章ごとにおおよそ時系列に並べられています。順番に通して見ていただくと工事全体の流れが把握できるようになっています

**Point 3** 作業の内容を説明しています。写真を見ながら読んでいただくとより深く理解できると思います

**Point 4** 作業の様子や現場で見るべきポイントを写真に収めたものを掲載しています。写真中のCheckはPoint❺のCheckの内容と一部連動しています

**Point 5** 作業や特定の場所でのチェックすべきポイントを挙げています。実際の現場ではこのチェックポイントを見ながら作業を管理(監理)することをオススメします

**Point 6** 写真では説明できない部材の配置や納まり、作業の手順などを図面やイラストで解説しています。作業写真と併せて見ていただくことで、より専門的な知識が深まります

# 1章

# 遣り方・地業・基礎

　家づくりの第1段階の工程であるが、エコハウスにおいて特に重要なのが基礎である。特に基礎断熱とする場合は、設計段階からどの場所にどのくらいの厚さの断熱材を施工するかを決めて、施工時はそれが正しく施工されているかチェックする必要がある。特に基礎の断熱材は、基礎立ち上がりの内側に施工するのか、外側に施工するのか、耐圧版下全面に断熱材を施工するのか、外周部だけ施工するのか、もしくは施工しないのかなどは、建物の立地する敷地の諸条件や建物に求める性能、予算などで変わってくるので、適切な納まりを検討したい。また、断熱材はシロアリの蟻道となることが多いため、防蟻対策がなされた断熱材を使用することも重要だ。そのほか、基礎の厚みや芯の位置なども、外壁の厚みや断熱・外壁材の仕様などに応じて適切に選択する必要がある。

　敷地調査などでは、周辺の建物や敷地内外の樹木などを考慮したうえで、敷地や建物への日射の入り具合なども十分に調査し、窓の位置や大きさ、日射遮蔽設備の選択などに反映する必要がある。特に付加断熱とする場合などは壁がふける分を考慮して、隣地との距離などを含めて建物の配置を検討することも重要だ。また、誌面では割愛したが、地盤調査や改良工事・杭工事、そして土工事なども基礎構造と同様以上に、住宅の構造面ではとても重要な工程などでしっかりした確認を行いたい。

# 1 現地調査

敷地形状、隣地、道路、高低差、電柱、近隣などさまざまな状況の把握を行う。

## 1 給排水管の確認

敷地内にライフラインがどこまで整備されているか確認する。

**Check!**
- 事前に役所で調査しておくと、現地で上下水道などを探しやすい
- 水道番号や電柱番号も忘れずに撮影する

## 2 境界杭の確認

敷地のポイントに境界杭やピンなどが整備されているか確認する。

**Check!**
- 境界杭やピンは表面に見当たらなくても多少掘ると出てくる場合があるので注意したい

## 3 高低差の確認

レベルを取り、高低差を確認する。

**Check!**
- 道路勾配、下水最終枡の管底、敷地内・隣地との高低差などを確認する

## 4 周囲の状況を把握する

周囲の住宅形状や高さ、窓・排気などの位置を確認する。また、これらの情報を元に日影図を作成する。

**Check!**
- 設計を行ううえで欠かせない情報なので、丁寧に確認したい

## 図 現地調査のチェックポイント

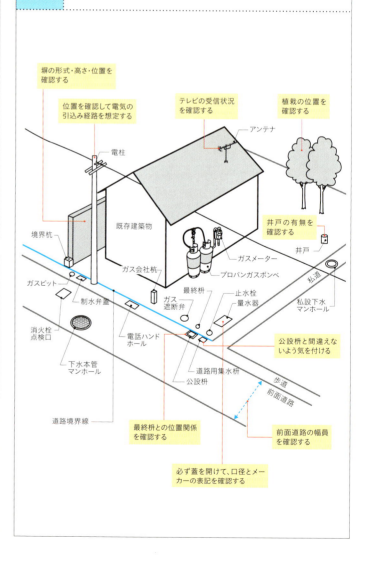

# 2 遣り方

建物の配置、直角がこの遣り方によって決まるため、非常に重要な作業となる。

## 1 地縄張り

建物の大まかな配置を出す作業。遣方を精度よく行うためにも丁寧な作業を心掛けたい。

**Check!**
- □ この作業の後に建主にも確認してもらう
- □ 配置図の寸法と東西南北の境界線の距離が正しいか。隣地とレンジフードや窓などが干渉していないか

## 2 遣り方を出す

杭と貫によりやり方を設置する。

**Check!**
- □ 貫板がまっすぐになるように杭の位置を工夫する

## 3 貫の天端レベルの確認

建物の芯墨をだし貫板の高さの確認をする。

**Check!**
- □ 貫板の天端は基礎の天端から100mm程度上げておく

## 4 水糸張り

建物の外周部で水糸を張り、隣地との離れなどもう一度確認する。

**Check!**
- □ これが配置の最後の確認となるため慎重に行う

## 5 対角の確認

やり方が直角になっているか外周部の水糸により対角の長さの確認を行う。

**Check!**
- □ 対角の確認は二人で行い、監督も立ち会う

## 6 鎮め物

根切り底より下まで掘り、地鎮祭でいただいた鎮め物を埋める。

**Check!**
- □ 建物の中心あたりに南向きに埋めるのが一般的だが、詳細は地鎮祭の日に神主に確認したい

# 3 根切り・砕石転圧

建物の荷重を支える地盤面の造作。
着工前に地盤調査や適切な改良工事も構造上非常に重要です。

## 1 根切り底の施工

基礎に合わせて地盤面を掘る。雨の日の作業は避ける。

**Check!**
- □ 予定以上に深く広く掘られていないか
- □ 土の状態（土質、地下水位、ガラ）が適切か

## 2 根切り底の計測

深基礎部分、耐圧盤部分の深さを確認する。

**Check!**
- □ 根切り底転圧による落ち込みを考慮する

## 3 根切り底の転圧

良質な地盤のときも根切り底の転圧は必ず行う。

**Check!**
- □ 根切り形状を崩さないように注意する
- □ ランマーまたは1トンローラーで行う

## 4 砕石の転圧

基礎打設場所に砕石を敷きこむ。凹凸がないように平滑に仕上げたい。

**Check!**
- □ 図面通りの砕石の種類が使われているか

## 5 砕石転圧の計測

砕石転圧の深さを確認。

**Check!**
- □ コンクリートが入りすぎて基礎が重くならないようにここで形状を調整する

## 6 防湿シート張り

砕石の上に防湿シートを張り気密テープで目張りする。

**Check!**
- □ 外周部捨てコンの外までシートが出るように施工
- □ シートの重ねは15cm以上とるようにする

# 4 捨コン・基礎断熱

捨てコンは部分捨てコン、全捨てコンのほか、捨コンを打たない場合もあると思う。今回は部分捨てコンの場合を解説する。型枠の設置墨出しがしやすいように5cm程度の厚みで打設した。

## 1 捨コンレベル確認

捨てコンクリートの高さを出す。厚みは粗骨材の寸法より薄くならないようにする。

**Check!**
☐ レベルを確認する

## 2 コンクリート納入書の確認

コンクリート打込み時の納入書を受け取る。

**Check!**
☐ 指示通りの強度になっているか

## 3 捨コンの打設

捨てコンクリートを、レベルを確認しながら打設する。

**Check!**
☐ シートを汚したり、傷つけたりしていないか

## 4 捨コンの打設終了

最後に金鏝で表面を平滑に仕上げる。

**Check!**
☐ シートの傷などあれば気密テープで補修する

## 5 基礎立ち上がり部の断熱の施工

立ち上がりのみの基礎外断熱の場合は、6cm程度捨てコンから浮かして設置する。

**Check!**
☐ 断熱ジョイント部に防蟻シーリングにて処理してあるか

## 6 基礎耐圧盤下の断熱の施工

耐圧盤下まで基礎断熱の場合は断熱材を連続させジョイント部のシーリング処理をする。

**Check!**
☐ 断熱材同士がきちんと密着しているか

# 5 配筋検査①

基礎の配筋は強度にとって非常に重要。正しい施工と十分なチェックが欠かせない。

## 1 耐圧版の配筋

耐圧版の配筋を確認する。

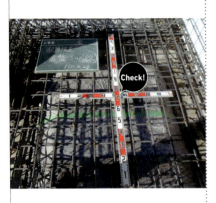

**Check!**
- □ 底盤配筋の短辺、長辺方向の施工が適切か
- □ 鉄筋のピッチの確認。スラブ筋は短辺方向が上にきているか
- □ 結束線やごみの撤去
- □ 鉄筋の径の確認

## 2 耐圧版の配筋のかぶり厚さ

かぶり厚さは基礎の耐久性に大きく影響する。またシートの破れなども同時に確認したい。

**Check!**
- □ 耐圧盤底盤のかぶり厚さの確認

## 3 立ち上がりの配筋の確認

配筋図通りきちんと施工されていることを確認する。

**Check!**
- □ 主筋の位置、通りが正しく配筋されているか
- □ 立ち上がりの鉄筋の高さ、主筋の定着などを確認する

## 4 立ち上がり配筋のかぶり厚さ

立ち上がりのかぶり厚さはばらつきが出やすいのでチェック個所数を多くする。

**Check!**
- □ 結束線が型枠側にはみ出ているときは曲げて中に戻す

## 図 立ち上がりの配筋

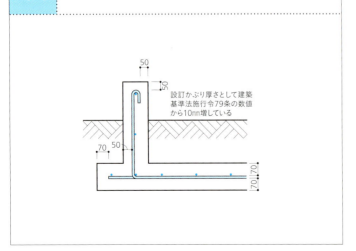

設計かぶり厚さとして建築基準法施行令79条の数値から10mm増している

## 5 地中梁の配筋

配筋が複雑になるので基礎詳細図を確認しながら施工する。

**Check!**
- □ 配筋が細かくなり鉄筋同士が近づきすぎないように注意する

# 6 配筋検査②

鉄筋コンクリート造なので、構造を貫通する開口部は適切な補強が欠かせない。
適切な補強筋が施工されているか十分に確認する。

## 6 人通口の補強筋

人通口も基礎構造の欠損部になるのでとても大事である。

**Check!**
- □ 十分に補強筋が施工されているか
- □ 人通口なのか基礎開口なのかによって補強方法が変わるので注意する

## 7 スリーブの補強筋

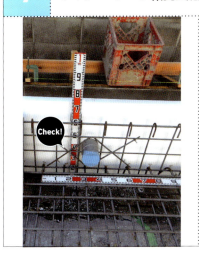

基礎に給排水や換気空調設備のためのスリーブを設置する。配管位置はできるかぎり鉄筋を切らない位置に配置する。

**Check!**
- □ スリーブ部分の補強筋が配筋図通りになっているか
- □ 断熱材の小口に防蟻シーリングを施しているか
- □ 横筋の高さをスリーブの位置によって指示する

## 図 人通口の配筋

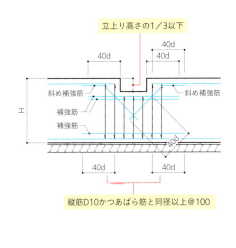

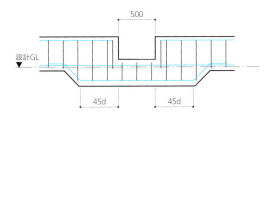

## 図 スリーブの配筋

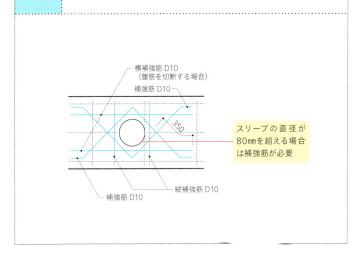

スリーブの直径が80mmを超える場合は補強筋が必要

## 8 独立基礎の配筋

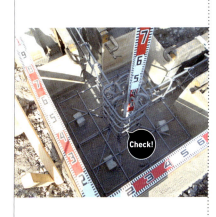

独立基礎の配筋も構造計算に入っている場合は重要になるためしっかり確認する。

**Check!**
- □ 構造なのか非構造なのか確認しておく

# 7 配筋検査③

アンカーボルトも配筋時に設置する。構造用重要な部位なので、構造ルールに則って、正確な位置に設置するようにしたい。

## 図 アンカーボルトと立ち上がりの配筋の定着

①アンカーボルト設置の大原則

②アンカーボルトの埋め込み仕様の例（気密パッキンの場合）

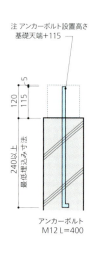

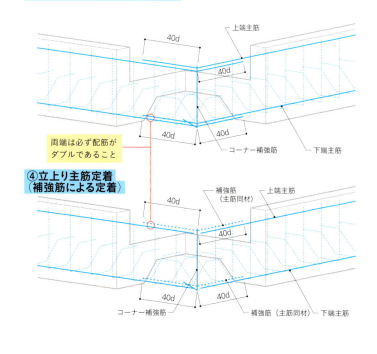

③立上り主筋定着（主筋－主筋）

④立上り主筋定着（補強筋による定着）

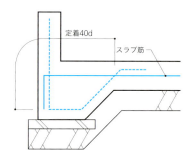

⑤スラブ筋の定着

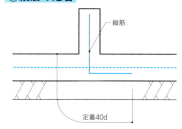

⑥縦筋の定着

# 8 耐圧版打設

コンクリートの量が最も多い基礎の耐圧盤。事前に天候の確認をしたうえで打設日を決定する。

## 1 コンクリート納入書の確認

1台目のコンクリート車がきたら納入書を確認する。

**Check!**
- 設計図書通りのコンクリート強度とスランプになっているのか
- 冬の場合は温度補正も考慮する

## 2 ポンプ車の配置

ミキサー車、ポンプ車が現場に配置される。

**Check!**
- 事前に配置や位置を決めておく
- ご近隣の皆様に打設日の案内を入れて事前に知らせておく

## 3 打設前の準備

足場の確保、アンカーボルト養生など事前の準備を行う。

**Check!**
- 天候が不安定の場合はすぐに基礎の上から養生ができるように準備しておく
- 場合によりコンクリート試験を行う

## 4 耐圧版の打設

断熱下にコンクリートが充填されるように注意深く打設を行う。

**Check!**
- 断熱材廻りを先に打設すると、その後の打設がしやすい

## 5 バイブレーション

コンクリートがきれいに充填されるようにバイブレーションで調整する。

**Check!**
- バイブレーションを1カ所にかけすぎないように注意する

## 6 耐圧版の打設完了

耐圧盤が平らになるように丁寧に均しを行う。

**Check!**
- 打設時に金鏝で均しを行うと、コンクリートが固まった後の掃除が楽になる

# 9 立ち上がり打設

躯体性能のため、足元の施工はとても大切である。
ここでは省略するが地盤調査や適切な改良工法なども構造上重要である。

## 1 レイタンスの除去

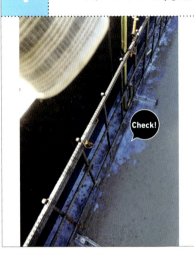

立ち上がり型枠設置前にレイタンスの除去をする。

**Check!**
- □ 削るか薬剤の除去剤を塗布する

## 2 立ち上がり型枠の設置

基礎打ち上がりの型枠を設置する。

**Check!**
- □ 型枠がしっかり固定されているか、通りはきれいか。形は図面通りか
- □ 型枠内のごみを取り除く

## 3 アンカーボルト高さの計測

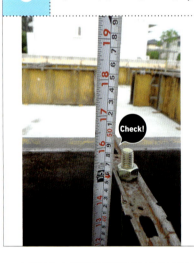

アンカーボルトの高さ位置を確認する。

**Check!**
- □ アンカーボルトの天端の高さは事前に確認しておく

## 4 コンクリート納入書の確認

1台目のコンクリート車がきたら納入書を確認する。

**Check!**
- □ 設計図書通りのコンクリート強度とスランプになっているのか
- □ 冬の場合は温度補正も考慮すること

## 5 立ち上がりの打設

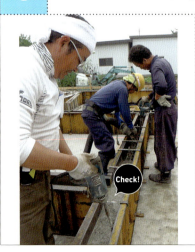

アンカーボルトが動かないように注意しながら施工する。

**Check!**
- □ 隙間なくコンクリートが充填されているか
- □ 打設時にアンカーボルトや断熱材、その他の部材がずれたりして破損したりしていないか

## 6 寒中コンクリートの養生

冬場のコンクリート打設後は断熱養生を忘れずに行う。

**Check!**
- □ 養生は風で飛ばされないようにしっかりと型枠などに固定する

# 2章

# 土台敷き・建方

土台敷設や建方も、エコハウスとは一見関係なさそうに見えて、実は重要な工程である。特にボード気密による合板による気密工事が一般化することによって、建方時もそれらに気を配って施工することが求められる。特に床下地に当たる剛床（根太レス合板による床下地）は、床断熱時のボード気密はもちろん、気流止めという繊維系断熱材においてとても重要な工程を兼ねるので、土台や胴差の端から端まで隙間なく合板を張ることが重要になる。もちろん、構造上も極めて重要な部位なので、釘の種類やピッチ、釘のめり込み具合などの施工の質などを十分に確認する。

屋根部分をボード気密する場合は、建方時に気密工事を行うため、注意深く施工を行いたい。気密ラインも屋根断熱、桁上断熱、天井断熱と選択した断熱工法によって異なるので、事前に十分確認のうえ、隙間なく合板やポリエチレンフィルムが施工されているか確認する。また、屋根通気や棟換気などの屋根の性能上重要な工程もあるので、しっかりと通気や換気が機能するように施工されてるか、その内容をチェックする。

そのほか、棟廻り、胴差廻り、桁廻りのほか、外壁と壁や床、その他部材が取り合う場所などでは建方時に先張りシートの施工が行われる場合がある。先張りシートの施工が必要な場所を事前に確認しておき、建方の進行の妨げにならないよう、すみやかに作業を行うようにしたい。

# 1 土台敷き①

基礎工事が終わると同時に大工さんが作業を行う土台敷き。基礎と土台にずれがないかなどを伏図と照合しながら施工する。

## 1 土台の墨出し

土台の墨出しを行い、土台の矩の確認をする。

**Check!**
- 墨出しの位置が正確か、矩がとれているか

## 2 防蟻シートの敷設

防蟻シートを外周部基礎天端に連続させて敷いていく。その上に気密パッキンを敷設する

**Check!**
- 防蟻シートは跳ね出し部分にほこりがつきやすいので、敷設後に養生する
- 気密パッキンの交差部は完全に重ねているか

## 3 内周部の基礎パッキンの敷設

内周部の基礎に基礎パッキンの施工をする。

**Check!**
- 基礎天端の汚れをとり、連続させて敷設されているか

## 4 防蟻剤（ホウ酸）塗布

土台を敷く前に土台裏側にホウ酸をむらなく塗布する。

**Check!**
- 気密パッキンが取り付く部分の清掃をしてから施工する。

## 5 土台敷き

墨に合わせて土台を敷き込んでいく。

**Check!**
- 土台の材の品質を確認しながら敷き込まれているか
- アンカーボルトなどのゆがみ、位置の確認
- 継手位置の確認
- 伏図との照合

## 6 アンカーボルトを座金で留める

通りを見ながらアンカーボルトを座金とナットで締め付けていく。

**Check!**
- 土台の天端よりアンカーボルトが出ていないか
- ナットの天端より3山以上ボルトが出ているか

# 2　土台敷き②

土台は木造の「土台」となる部位である。基礎と緊結されていること、水平に施工されていること、防蟻処理などが適切に行われていることなど、十分に確認したい。

## 7　土台レベルの再確認

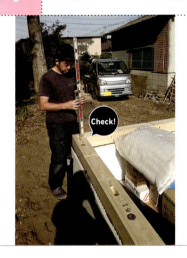

土台の敷設が完了したら、土台のレベルを再確認する。

**Check!**
- □ ±2mm以内に収まっていることを確認する

## 8　床束の設置

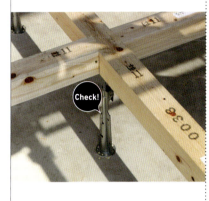

鋼製束を使いながら大引を敷き込んでいく。雨や基礎の乾燥を考慮して、建方前に床合板は敷き込まない。

**Check!**
- □ 大引の位置、レベルの確認
- □ 大引の材質が指定どおりか

## 9　防蟻剤の充填

土台と断熱材の隙間に防蟻シーリングを充填する（防蟻シート工法でない場合）。

**Check!**
- □ 充填前に充填個所の汚れが取り除かれているか
- □ ノズルをしっかりと差し込み、奥までもれなく充填されているか

## 10　基礎立ち上がりのモルタル塗り

断熱材の養生を兼ねて立ち上がり断熱部分にガラス繊維マットを張り、保護モルタルを塗る。

**Check!**
- □ 上棟まで時間が空くときは、基礎断熱材上部の小口にも紫外線対策で養生をしておく

## 11　土台の養生

土台の施工が終わったら、上棟の日まで養生用の屋根をつくり、雨が入らないようにする。

**Check!**
- □ 平らの養生では雨が溜まり、浸水する可能性があるため、屋根のように斜めに施工する

# 3 建方①

建方は屋根のルーフィングの施工までをできるだけ短期間に終えるのが望ましい。
迅速に工事が進むように、事前の準備をしっかりと行うことが大事になってくる。

## 1 1階の柱建て

朝お清めを行い、建て方を開始する。梁の準備をしている間に柱を建てていく。

**Check!**
☐ 梁の材質が指定どおりか

## 2 1階梁の取り付け

2階床梁を取り付ける。金物の取付けも同時に行う

**Check!**
☐ 材質の確認、伏図との照合を行う
☐ 化粧梁は傷をつけないように注意する

## 図 エコハウスの矩計

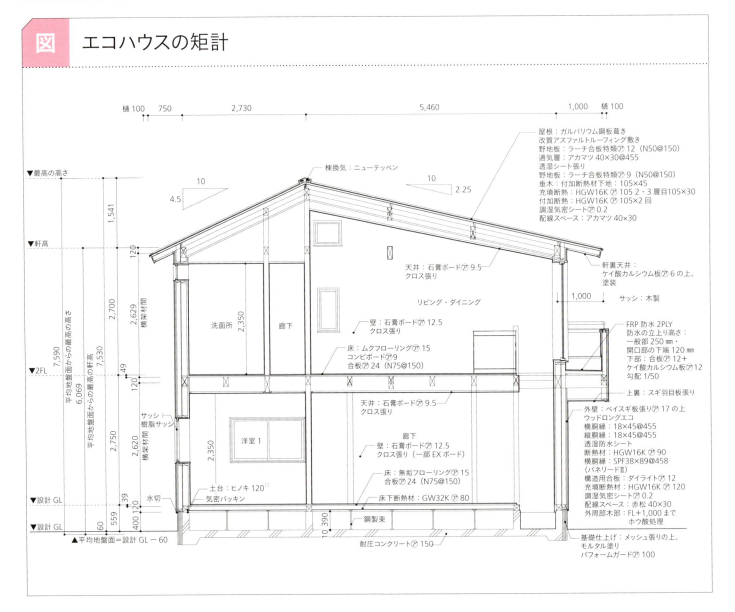

# 4 建方②

木造で重要度が増している剛床。断熱・気密においても、通気止めの重要な工程となっている。合板を隙間なく、正しい間隔と決められた釘でていねいに施工することが重要になる。

## 3 1階梁の完成

2階床梁まで完成したら歪みや垂直を確認して、仮筋かいを固定する。

**Check!**
- 金物の締付け忘れがないか

## 4 梁天端の接着剤塗り

合板用接着剤を梁天端に塗っていく。

**Check!**
- 接着剤を下にこぼさないように慎重に施工する

## 5 合板のビス留め

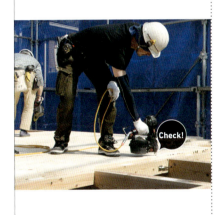

適切な釘の種類とピッチを確認し、その通りに留めていく。

**Check!**
- 機械を使って留めていくため、釘のめり込みすぎに注意する
- 構造計算により釘の種類ピッチは変わるので注意したい

## 図 床合板の施工

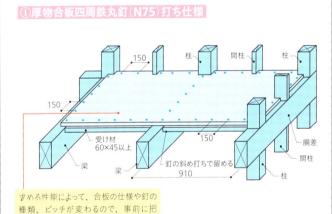

①厚物合板四周鉄丸釘(N75)打ち仕様

求める性能によって、合板の仕様や釘の種類、ピッチが変わるので、事前に把握のうえ現場で確認したい

②落とし込み根太方式12㎜合板直張り仕様

## 6 合板釘ピッチの確認

構造用合板に留めた釘のピッチ、めり込み深さを確認する。

**Check!**
- 上棟が終わると下地材や断熱材などで釘が隠れてしまうため、釘のピッチは必ず上棟日に確認する

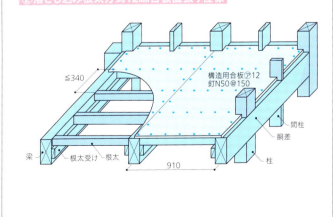

# 5 建方③

建方では水平・垂直にこだわって施工することが大事。これを厳密に行うことで、後の工事の精度が格段に高くなる。

## 7 ビス頭打ち

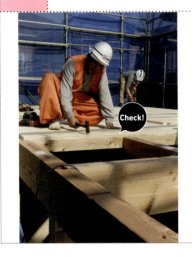

釘頭が出ているものを合板と平らになるように打込む。

**Check!**
- □ 構造用合板から釘頭が出ていないか

## 8 2階床の養生

2階床の汚れを防止するためにシート養生を行う。これは断熱工事後の清掃などにも有効である。

**Check!**
- □ 柱がささる部分を切り込みながら施工していく
- □ 滑りにくい床用シートを使用する

## 9 2階柱建て

2階の柱を番付通りに立てる。

**Check!**
- □ 2階の柱が番付通りに立てられているか

## 10 2階梁の取り付け

2階の梁を足場に気を付けながら取り付けていく。

**Check!**
- □ 足元が不安定になので、慎重に作業する
- □ 化粧梁には傷をつけないように注意して作業を行う

## 11 2階仮筋かい入れ

2階の柱の歪みを見た後にすぐ取付けられるように、仮筋かいの仮留めをしておく。

**Check!**
- □ 仮筋かいの材質はゆるみがないようにベイマツなど強度の高い木を選ぶ

## 12 柱垂直の確認

柱の垂直を確認して仮筋かいをしっかり留める。

**Check!**
- □ すみやかに仮筋かいが留められているか
- □ 養生や耐力壁の取付けに支障がない位置についているか

# 6 建方④

建方で時間がかかるのが、小屋組からの作業。複雑かつ断熱・気密上も重要な部位なので、迅速かつていねいな作業を心掛けたい。

## 13 火打の取り付け

火打材を伏図通りに取り付けていく。

**Check!**
☐ 火打材が化粧になるときは金物の留め方に注意する。かんざしボルトの頭が室内側にくるように留め付けるのが望ましい

## 14 2階梁金物の取り付け

各種金物を梁に取り付けて締め付けていく

**Check!**
☐ 取付け、締付け忘れがないように図面や金物本体に印をつけていく

## 15 梁金物頭ウレタンの充填

外周部に面している金物は現場発泡ウレタンを充填して、熱橋防止対策を行う。

**Check!**
☐ 同時に金物チェックを行う

## 16 垂木の取り付け

棟が上がったら垂木の施工を始める。

**Check!**
☐ 垂木もプレカットにしておくと、施工が早く上棟日の雨仕舞いも可能になる

## 17 垂木のビス留め

両側より斜め釘打ち2本とする。

**Check!**
☐ 垂木の種類により釘の種類も変わるため、事前に確認しておく

## 18 垂木帯び金物の取り付け

垂木のジョイント部分に金物を取り付けて補強する。

**Check!**
☐ 帯金物は垂木と平行に取り付ける

# 7 建方⑤

ここでは合板気密を取るため、2重屋根としている。1層目では外壁と同じような納まりとして、2層目では屋根の防水や仕上げを行う。防水と気密を分離した安全な仕様である。

## 19 垂木止め金物取り付け

垂木の浮き上がり防止金物を取り付ける。

**Check!**
- □ 垂木の芯辺りで釘またはビスが留められるタイプがよい

## 20 垂木面戸取り付け

合板気密を施工するので、面戸を垂木天端が揃うように取り付ける。

**Check!**
- □ 垂木天端と面戸が平らに揃っているか

## 21 1層目屋根合板張り

合板で気密をとるため、合板用気密テープをジョイント部分に貼る。

**Check!**
- □ 屋根合板は千鳥張りになっているか
- □ 釘の種類やピッチが正しく施工されているか

## 22 1層目透湿防水シート張り

1層目の透湿・防水シートを施工する。屋根養生がいらなくなるため、ここまでを上棟の日に終わらせるのが理想。

**Check!**
- □ タッカーはできる限り使わず両面テープにて施工する。タッカー個所は防水テープで補修する

## 23 通気胴縁施工

垂木のピッチに合わせ通気胴縁を施工する。

**Check!**
- □ 通気胴縁用ビスで留められているか

## 24 通気胴縁端部

けらば側の通気胴縁を取り付ける。

**Check!**
- □ すべての場所で通気が棟まで連続しているか

# 8 建方⑥

建方でルーフィングの施工まで進めば、おおよそ完成である。
これで特別な養生を必要とせずに竣工まで工事を行うことができる。

## 25 通気垂木と2層目合板張り

2層目の合板を下から張っていく。

**Check!**
- 屋根の下地になるため、合板は特類12mm厚以上とする
- 釘はN50として、150mmピッチで留める

## 26 ルーフィング張り

ルーフィングを張る。重ね部分でタッカー留めとする。これで2重防水の完了となる。

**Check!**
- 水下先端はタッカーで留めないように注意する

## 図 ルーフィングの注意点

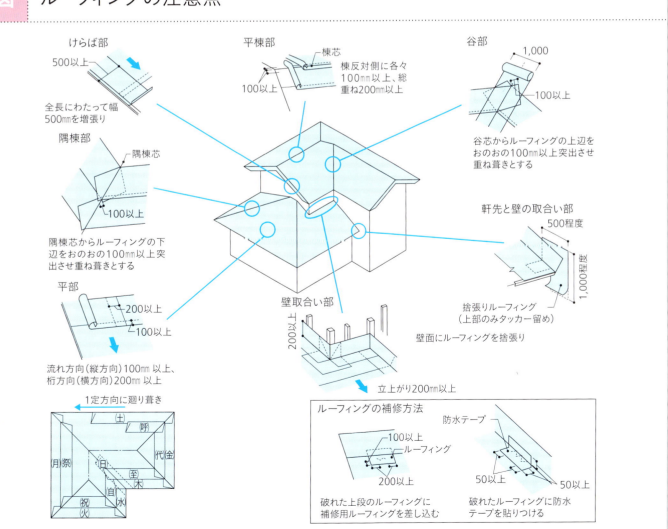

# 9 建方⑦

建方の最後は壁面などの養生をしっかりと行う。建て方終了後に行う上棟式も大事な祭事である。

## 27 ルーフィングの重ね代

ルーフィング重ね代を上下方向100㎜以上、左右は200㎜以上確保する。

**Check!**
☐ ルーフィングが風で飛ばないようにタッカーは先端のほうに打つ

## 28 ルーフィングの唐草廻り

唐草設置後、両面テープでルーフィングを固定する。

**Check!**
☐ ルーフィングが唐草にしっかりと固定されているか

## 29 棟換気部分

棟換気部分は重要な廃熱場所なので、ルーフィングのカット・図面通りの通気層幅の確保

**Check!**
☐ 適切な幅で開口されているか。監理者立会いの下確認する

## 30 ルーフィングの立ち上がり

ルーフィングの立ち上がりは300㎜程度確保する。

**Check!**
☐ 下屋の納まりは様々です。通気層、断熱層の取り方は事前に確認しておく

## 31 屋根の養生

屋根の防水工事が終わらなかった場合、屋根養生をして構造が水に濡れるのを防ぐ

**Check!**
☐ 養生シートが風に飛ばされないように、貫などでしっかりと留める
☐ シート押さえの貫はステンレスビスで留めてあるか

## 32 壁の養生

建て方が終了したら、壁の養生を行う。付加断熱工事が終わるまでは壁の養生を外さない。

**Check!**
☐ シート押さえの貫はステンレスビスで留めてあるか
☐ 隙間なくシートが張られているか

# 3章

# 窓・玄関

かつては断熱性能上の弱点であった窓だが、サッシやガラスの断熱性能の向上によって、エコハウスにおいては、日射を取得する部位、開放感や通風、換気を得る部位として、ポジティブな存在になりつつある。とはいえ、建築においては木造の一部がくり抜かれ、そこに木造とは異なる部材が取り付くわけであり、その取り合う個所の防水・気密・断熱（熱橋）などに十分配慮した納まりと施工を行うことが重要になる。

また、冬の日射がある程度期待できる地域では、南面など中心に日射取得できるように大きな窓を取り付けることが多くなってきているが、そのぶん夏の日射遮蔽対策も十分行う必要がある。日射遮蔽では窓の外側に遮蔽する設備を設置するのが好ましく、外付けのブラインドやロールスクリーンなどを窓の外側に取り付けたいが、そのまま取り付けると外観上の見栄えを損なう場合もあるので、設置個所や場合によっては壁にビルトインできるようにするなどの工夫をしたい。

玄関も窓同様に断熱・気密などが切れる場所なので、それらに十分配慮した施工を行う。既製品のドアを使う場合はさほど問題ないが、製作のドアを設置する場合は、熱橋や断熱・気密に配慮した納まりを十分に検討する必要がある。また、玄関は基礎の形状がほかと異なるため、建物が床断熱と基礎断熱のどちらを採用しているかによって、断熱の施工場所も変わってくるので注意したい。

# 1 樹脂サッシ①

高断熱サッシの定番ともいえる樹脂サッシ。基本的な納まりはアルミサッシと変わらないが、より厳密に気密・防水処理などを行いたい。

## 1 窓台と枠材の気密処理

窓台と枠材が一体となるように気密テープを貼る。

**Check!**
- 窓台と枠材の隙間には合板気密パッキンも取り付ける。付加断熱の場合は後で直すのが大変なので、しっかりと気密処理を行いたい
- 窓台・まぐさ間の寸法、窓下地の左右の寸法の確認
- 床から窓台・まぐさの高さの確認

## 2 防水シートの入れ込み

窓下地に折り込んだ透湿防水シートは、左右の柱と上はまぐさはそれらの端まで、下端の窓台は折り曲げて10cmほどの場所でカットする。

**Check!**
- カッターの刃は新しいものを使っているか

## 3 防水処理

入隅用テープを窓台の左右の端に張る。

**Check!**
- ぴったりと隙間なく入隅用テープが貼られているか

## 4 サッシの取り付け

サッシを取り付ける。

**Check!**
- 窓台に乗せたときに左右の空きが均等になっているか
- 取付け時にレールの真ん中が下がっていないか。また、レールが下がらないようにビスの打ち方に注意する（メーカーの説明書をよく読むこと）

## 5 透湿防水シートの四隅の処理

サッシの四隅にできた透湿・防水シートの切断面を防水テープで補修する。同時にサッシのツバ部分は両面テープで防水シートを固定する。

**Check!**
- 防水テープで漏れなく補修されているか

## 6 防水・気密処理の完了

気密処理、防水処理の順番で施工する。

**Check!**
- すべての個所が確実に施工されているか

# 2 樹脂サッシ②

樹脂サッシと付加断熱を組み合わせる場合は、基本的には下の図のような納まりで問題ないが、重量があるのでしっかりとした下地補強を行いたい。

## 7 額縁の取り付け

窓下地の上に額縁を取り付ける。

**Check!**
□ 外開きの窓は網戸が内側に付くため、網戸レールと干渉しないように窓枠の位置に注意する

## 8 完成

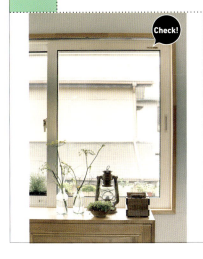

四方の窓枠を取り付けて、完成。付加断熱の場合は、窓枠の奥行が取れるので、出窓のように空間の広がりが期待できるメリットがある。

**Check!**
□ 額縁や仕上げがきれいに仕上がっているか

## 図 樹脂サッシの納まり

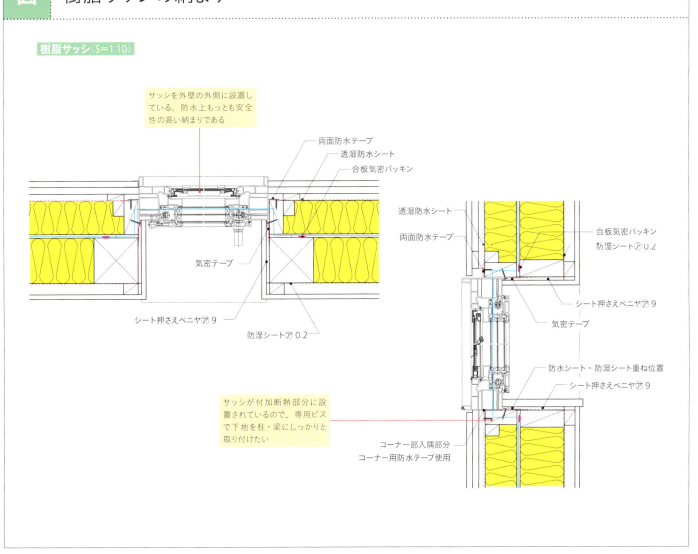

樹脂サッシ(S=1:10)

サッシを外壁の外側に設置している。防水上もっとも安全性の高い納まりである

両面防水テープ / 透湿防水シート / 合板気密パッキン / 気密テープ / シート押さえベニヤ㋐9 / 防湿シート㋐0.2

サッシが付加断熱部分に設置されているので、専用ビスで下地を柱・梁にしっかりと取り付けたい

透湿防水シート / 両面防水テープ / 合板気密パッキン / 防湿シート㋐0.2 / シート押さえベニヤ㋐9 / 気密テープ / 防水シート・防湿シート重ね位置 / シート押さえベニヤ㋐9 / コーナー部入隅部分 コーナー用防水テープ使用

# 3 木製サッシ①

木造の内外装のデザインと相性のよい木製サッシ。樹脂サッシ同様、ていねいな気密・防水処理が求められる。

## 1 窓台と柱の気密処理

窓台と枠材が一体となるように気密テープを貼る。

**Check!**
- □ 窓台・まぐさ間の寸法、窓下地の左右の寸法の確認
- □ 床から窓台・まぐさの高さの確認

## 2 先張りシート2

外側は透湿・防水シートを先張りする。

**Check!**
- □ 四方斜めにカットして外壁側に広げておく

## 3 サッシ芯で割り振り

室内側と外側の先張りシートをサッシの芯となる場所で気密テープを貼ってつなげる。

**Check!**
- □ 木製サッシの芯(取付け位置)は、窓の種類によっても変わるので、事前に設計図書で確認しておく

## 4 入隅テープ

外側の入隅部の切断面に気密テープを貼る。

**Check!**
- □ 外壁側の防湿シートが上に重なってくるため、その時に再度入隅用テープで処理する

## 5 膨張パッキン取り付け

木製サッシを取り付けるための準備が完了したら、素早く膨張パッキンをサッシの枠外に取り付ける。

**Check!**
- □ 夏場は膨張パッキンの膨らむのが早いため、木下地枠のクリアランスを3mmずつ程度大きめにとる

## 6 サッシ取付け完了

サッシの取付けが完了したら、防水・気密廻りの処理を再確認する。

**Check!**
- □ 膨張パッキンが隙間なく膨らんでいるか

# 4 木製サッシ②

木製サッシの意匠を生かした、ていねいな仕上げを行いたい。

## 7 外壁水切と下地補強

水切と外部枠を取り付ける。水切と外部窓枠は目透かしにして、その隙間にシーリングを充填する。

**Check!**
☐ 水切は雨がたまらないよう勾配を強めにとってあるか

## 8 外部の完成

外部仕上げを施工して完了。

**Check!**
☐ シーリングの施工し忘れがないか

## 9 窓枠下地の取付け

窓枠の取付け下地を入れる。

**Check!**
☐ 窓枠と防湿・気密シートの間に空気層はつくらないようにする

## 図 木製サッシの納まり

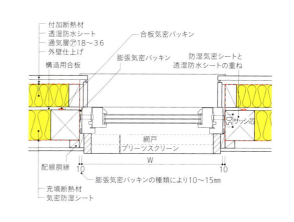

## 10 完成

窓枠を取り付ける。

**Check!**
☐ 室内側に網戸やロールスクリーン、カーテンなどが取り付くので、サッシの位置や窓枠の奥行寸法を事前に十分検討しておく

# 5 外付けブラインド

日射遮蔽効果に優れる外付けブラインド。実質的にはシャッターのような納まりになるが、しっかりと機能するように納まりや施工はていねいに行いたい。

## 1 先付けレールの設置

付加断熱の部分の下地に特注したブラインドボックスを取り付ける。

**Check!**
☐ 付加断熱や外壁材（モルタル下地）の厚みを考慮してブラインドボックスの奥行きを決定する

## 2 縦レールの下地の設置

先付けレール用下地を設置する。

**Check!**
☐ サッシからの離れ寸法が十分取れているか
☐ 先付けレール用下地が垂直に取り付けられているか

## 3 ブラインドボックスの設置

ブラインドを収納するためのボックスを取り付ける。

**Check!**
☐ 断熱仕様や外壁の種類により形状を決定して特注する

## 4 ブラケットの設置

本体取付け用のブラケットを取り付ける。

**Check!**
☐ ブラケットがまっすぐに取り付けられているか

## 5 配線の接続

本体を取り付けて配線の接続を行う。

**Check!**
☐ 配線がスラットに邪魔しないようにボックス内で処理されているか

## 6 スラットの埋込み

スラットをレールにはめ込み、ブラインドの取付けを行う。

**Check!**
☐ 開閉時、スラットが指定の位置にくるか

# 6 外付けロールスクリーン

外付けブラインドより安価ながら高い日射遮蔽効果も得られる外付けロールスクリーン。写真のように納め方を工夫すれば、見た目や機能面も格段に向上する。

## 1 軒裏奥のロールスクリーン下地

東側の窓の庇裏にロールスクリーン用ボックスを設置するための下地作成。

**Check!**
- □ ロールスクリーンが軒天井と平らに納まるようにつくられているか

## 2 軒裏奥のロールスクリーン完成

完成。普段はしまっておくことで、見た目すっきりする。

**Check!**
- □ ロールスクリーンの引手のヒモをかける場所を決めておく

## 3 囲いタイプのロールスクリーン1

側面からの直射日光もカットできる囲いタイプのロールスクリーンの下地を作成する。

**Check!**
- □ ロールスクリーン隠しが取替えができるように、後付けで考えておく

## 4 囲いタイプのロールスクリーン2

囲いタイプのロールスクリーンの完成。この囲いによってロールスクリーン本体も雨、紫外線から守ることができる。

**Check!**
- □ フックの位置は通風のためにサッシ下端より10cm程度上げておく

## 図 囲いタイプのロールスクリーン

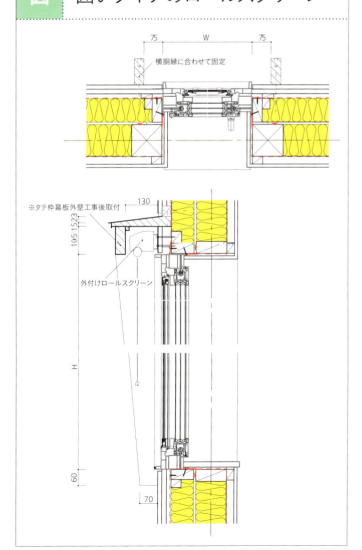

# 7 玄関ドア①

断熱玄関ドアの施工例である。ほかの窓などと同様に、断熱・気密の弱点になるので、閉めた時に隙間ができないような気密処理が求められる。

## 1 墨出し

図面通りの位置にサッシを取り付けるための墨出しを行う。

**Check!**
☐ このときにサッシ下地の垂直・水平も確認する

## 2 隙間調整材の取り付け1

外壁側の透湿・防水シートを巻き込み、その上に調整材を取り付ける。

**Check!**
☐ 調整材は取付けビスの位置に貼られているか

## 3 隙間調整材の取り付け2

取付けが終わったら再度下地との隙間が同程度になっているか確認する。

**Check!**
☐ 調整材は芯に設置されているか。ビスの位置に貼られているか

## 4 玄関ドアの取り付け

玄関ドアを取り付ける。矩やねじれを見ながら調整する。

**Check!**
☐ 調整材がはみ出ずに、シーリング代程度に納まっているか

## 5 矩隙間の確認

下地との隙間にシーリングを打つ。

**Check!**
☐ シーリングを充填する前に最終確認すること

## 6 玄関ドア廻りの防蟻材

防蟻断熱材の基礎と玄関ドアの間は防蟻ウレタンで充填する。

**Check!**
☐ 後でカットできるので、完全に充填しておく

# 8 玄関ドア②

玄関ドアである限り、何よりも使い勝手が重要なので、開閉のしやすさや立て付けなどもしっかりと考えて施工する。

## 7 防蟻シーリングの充填

防水シートと玄関ドアの隙間を防蟻シーリングで充填する。

**Check!**
- 玄関ドア枠の中（調整材の間）は現場発泡ウレタンを充填しておく

## 8 調整蝶番を調整

玄関ドアを吊り込み、調整丁番で建て付け具合を調整する。

**Check!**
- この時にドアクローザーも取り付ける

## 9 ドア取り付け確認

玄関ドアの取付けが完了。

**Check!**
- 玄関ドアが隙間なく締まるか、垂直水平は大丈夫か。位置は上下左右とも同じか
- 気密測定時、玄関ドアと枠の隙間から風が入ってこないか

## 10 玄関ドア養生

玄関ドアの取付け後、すみやかに養生を行う。

**Check!**
- 竣工時までそのままのため念入りに養生する

## 図 玄関ドア

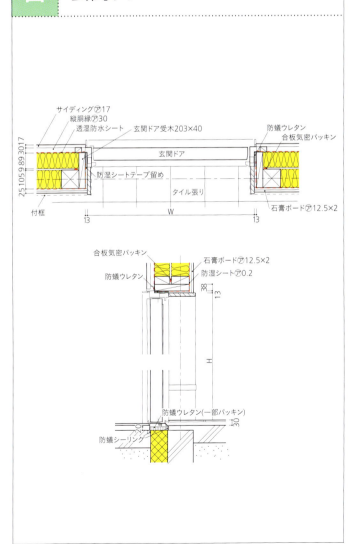

# 9 玄関

玄関も住宅で床断熱と基礎断熱のどちらを選択するかによって、断熱の納まりも変わってくる。

## 図 玄関の基礎外断熱と基礎内断熱

### 床断熱の場合の玄関の断熱仕様 (S=1:15)

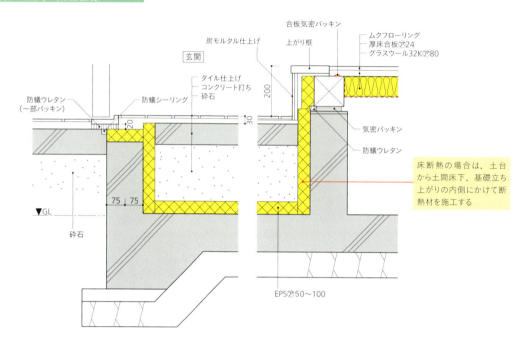

床断熱の場合は、土台から土間床下、基礎立ち上がりの内側にかけて断熱材を施工する

### 基礎断熱の場合の玄関の断熱仕様 (S=1:15)

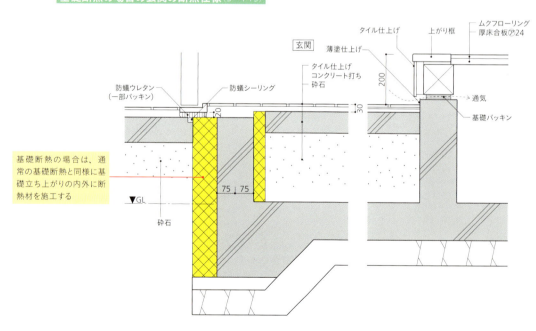

基礎断熱の場合は、通常の基礎断熱と同様に基礎立ち上がりの内外に断熱材を施工する

# 4章

# 外壁

壁は防水・断熱・気密などの諸性能が求められる重要な部位であり、またさまざまな外壁材や工法が選択され、プランに応じて入隅・出隅などの凹凸があるなど、設計・施工上の工夫も要求される部位でもある。したがって、設計段階に納まりなどを十分に検討するとともに、施工時も外壁の諸性能が確保されているか、こまめにチェックする必要がある。
また、耐震性能への意識の高まりから外壁下地は構造用面材が採用されるようになってきているが、エコハウスでもこれを生かしたボード気密という気密手法があり、ポリエチレンフィルムの工程を簡略化できるということもあり、全国的に普及しつつある。ただし、ポリエチレンフィルムのシート気密同様に、気密層が床や天井（屋根）と隙間なく連続するように、気密パッキンや気密テープを使いながら丁寧に構造用面材を張っていく。また、貫通する部材などは伸縮する気密テープなどを使って部材と構造用面材、透湿・気密シートなどの隙間をしっかりと塞ぎたい。
防水や壁内の水蒸気をうまく排出できるように、外壁材の種類を問わず外壁通気工法を採用するのも当たり前になっている。外壁通気層が下から上への通気できるように通気胴縁が施工されているかを、外壁施工前に確認しておく。特にサッシ廻りなどは外壁通気の障害になるので、十分に確認したい。なお、外壁材の種類によっては専用部材が必要な場合もあるので、事前に確認する。

# 1 ボード気密①

外壁に耐力壁として施工する構造用面材で気密を取るというボード気密（合板気密）。
気密をしっかりと取るためには、合板と柱・梁の隙間を埋める処理が重要になる。

## 1 気密パッキンの取り付け

構造用合板を取り付ける前に、合板用の気密パッキンを取り付ける。

**Check!**
- □ 壁全体の気密ラインを考えて施工されているか
- □ 跳出し梁の部分などは事前に下地の木を打っておき、気密パッキンをほかの部分と連続させておく

## 2 合板張り

構造用合板を張っていく。上下の合板は9㎜程度目透かしにする。

**Check!**
- □ 釘がめり込んでいないか
- □ 釘の種類、ピッチは構造計算により変わるので、事前に確認しておく

## 3 スパイラルダクトの気密処理

台所のレンジフード排気は専用部材を用い、合板との隙間はダクト用専用シートを使い気密テープを貼って塞ぐ。

**Check!**
- □ 通常の気密テープではアールに張るのは難しいので、ダクト用専用シートを使用する
- □ レンジフード排気の室内側はスパイラルダクト＋断熱巻とする

## 4 配線の気密処理

壁を貫通する配線は直接電線を通さず、一度配管で通しその中を配線する。配管にしておけば、後で配線を引っ張り気密が取れなくなってもすぐ補修できる。

**Check!**
- □ 配管と専用部材の気密シートがしっかり密着しており、さらに気密テープで保護されていることを確認する

## 5 塩ビ管の気密処理

24時間給気口などその他配管貫通部も専用部材を用いて気密を確保する。

**Check!**
- □ 気密テープは外壁材のシーリングのじゃまにならないように施工個所から30㎜以上離して貼っているか

## 6 内側の気密処理

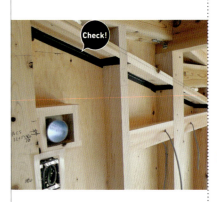

壁合板気密と天井シート気密の受け木部分はさらに気密処理を施しておく

**Check!**
- □ 気密処理は設計、監督、職人の間で約束事を決めておく

# 2 ボード気密②

ボード気密は構造用面材で気密を取る工法だが、採用する断熱工法によっては必ずしもすべて面材で気密を取る必要はない。

## 図 合板気密の考え方

**ボード気密の概要**

天井断熱を採用したので、天井部分はシート気密となっている

**壁のボード気密と気流止め**

- 乾燥木材による気流止め
- 耳付きグラスウール
- ボード気密の場合、断熱材の内側の気密性はそれほど重視されないが、袋入りグラスウールでもしっかりと隙間なく施工したい
- 床合板による気流止め

透湿

**桁上のボード気密**

- 屋根：ガルバリウム鋼板棒葺き
- 防水：ゴムアスファルトルーフィング
- 野地板：ラーチ合板特類
- 垂木：ベイマツ45×90@455

- 構造用合板⑦12（火打あり）釘ピッチ構造図参照
- 束廻りテープ気密処理
- ※壁：ボード気密　天井：シート気密
- 吹込みグラスウール10K⑦300
- 気密ライン下地木
- 合板気密パッキン
- 防虫通気材
- 構造用合板⑦9
- 透湿防水シートW3mタイプ
- 通気層⑦18×2層＝⑦36
- 金属サイディング⑦15
- 防湿気密シート⑦0.2（継手部分防水テープ処理）
- 石膏ボード厚⑦9.5
- 気密シート押さえ位置
- 防湿気密シート⑦0.2
- 石膏ボード⑦12.5

15 / 36 / 120 / 12.5
9

桁上で水平剛性を取ったためにできた天井と桁上の隙間に断熱材を充填する工法。桁上のスペースがない場合で、水平剛性をしっかり取りたい場合に向いている

出典：新住協技術情報

# 3 透湿防水シート

外壁から浸入してくる雨水を止める透湿防水シート。瑕疵に関わる重要な部位なので、徹底的に隙間をつくらないような施工が求められる。

## 1 透湿防水シート張り

透湿防水シートは幅3mタイプを利用し、タッカーの使用は最小限として両面テープで壁に固定する。

**Check!**
- □ この作業は2人で行っているか。1人ではうまく施工できない
- □ シートのジョイントは両面テープを使い、下方向100mm以上、横方向は450mm以上重ねる。縦の両面テープは通気胴縁の上で貼るのがよい

## 2 垂木付近の納まり

軒天井付近も野地板まで透湿防水シートを張って、断熱材の空気が動かないようにする。

**Check!**
- □ 垂木部分は防水テープで処理しているか。こうすることで、シートがペラペラとせずにきれいに見える

## 3 タッカー部分の処理

タッカーを使った場合はその部分を防水テープで処理する。

**Check!**
- □ 場所がわからなくなってしまうことがあるので、まとめてではなくその都度処理していく

## 4 配線部分の処理

配線部分・配管部分とも専用部材で防水処理する。

**Check!**
- □ この作業も防水シート張りと同時進行で行う

## 5 入隅用テープ

梁貫通部分などの入隅を防水テープでしっかりと塞ぐ。

**Check!**
- □ 伸縮するような専用の防水テープを使う
- □ 特にベランダの手摺の跳出し部分などは念入りに処理する

## 6 土台水切の納まり

防水シートは両面テープを使って土台水切の上に固定する。

**Check!**
- □ 付加断熱の横胴縁施工が終わり次第早めに行う

# 4 通気胴縁①

外壁材を問わず、防水はもちろん壁内結露対策として欠かせない外壁通気層。
外壁通気がきちんと機能するように胴縁を施工することが重要だ。

## 1 縦胴縁の施工

縦横2重胴縁の例を挙げる。ここでは、まずは縦胴縁を固定する。縦胴縁と横胴縁のビスが同じ位置になるので、縦胴縁は仮止め程度でよい。

**Check!**
☐ サイディングの種類、張り方により胴縁の納まりが変わるので注意する

## 2 横胴縁の施工

不陸が出ないように通りを見ながら横胴縁をビスで全数打ちして固定する。

**Check!**
☐ 専用のビスを使って施工されているか

## 図 縦胴縁の場合

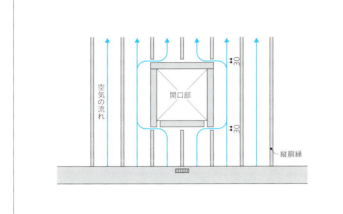

## 図 横胴縁の場合

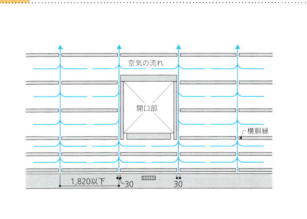

## 3 出隅胴縁の施工

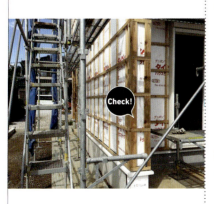

出隅は幅広の胴縁を施工する。

**Check!**
☐ 窯業系のサイディングの場合は120mmほどの幅があるとよい

## 4 出隅金物の施工

下地が垂直なのを確認して出隅金物を施工する。

**Check!**
☐ コーナーの下地が垂直に通りよく入っているか

# 5　通気胴縁②

外壁通気が滞りやすい場所が、窓廻りである。うまく通気が機能するような下地の組み方が求めれれる。

## 5　入隅金物の施工

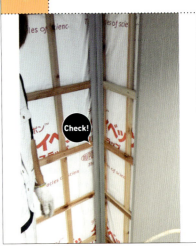

入隅部分も幅広の胴縁を施工しておく。

**Check!**
- どちらか片方でよいが、両側共幅広を施工しておくと安全だ

## 6　妻側の通気胴縁

妻側の通気胴縁は軒天井の下で斜めに施工する。

**Check!**
- 通気見切の場合は軒天井より少し下げて胴縁を施工する

## 7　窓下見切

窓の下の見切を入れる。

**Check!**
- サッシとの取り合い部分はシーリング処理されているか

## 8　窓上見切

窓の上に見切を入れる。

**Check!**
- サッシの色と合わせるのか外壁と色を合わせるのか事前に確認する
- 見切の勾配がとれているか

## 9　アンテナ下地の補強指示

下地補強の位置を支持する。

**Check!**
- 大工さんに伝わりやすいように具体的な指示を入れたい

## 10　アンテナ下地の補強

アンテナ廻りや物干し金物などの下地補強を入れる。

**Check!**
- 物干し金物の下地補強などは仕上げ後に位置が分かるようにスケールを当てて写真を撮っておく

# 6 通気胴縁③

壁の上下も外壁通気では重要なポイントになる。水切や防虫網などを設ける際に、ちゃんと空気が取り込まれるようになっているか確認したい。

## 11 通気層下部の防虫網

通気層の下部には防虫網を入れる。

**Check!**
- [ ] 通気胴縁の掛け方により防虫網の種類が変わる。事前に図面で確認しておく

## 12 基礎水切の養生

基礎の水切は汚れやすいので、テープで養生する。

**Check!**
- [ ] 剥がれやすいテープで養生しているか

## 13 オーバーハング水切の施工

オーバーハングの水切を設置し、土台水切と同じように、水切上に防水シートを両面テープで固定する。

**Check!**
- [ ] 水切同士のジョイント部にシーリングなど止水処理されているか

## 14 軒天通気見切の設置

軒天井に通気見切を設ける。

**Check!**
- [ ] 屋根の納まりによっては付けない場合もあるため、事前に設計図で確認しておく
- [ ] 通気が取れるように胴縁が打ってあるか

## 15 ダクト廻りの養生

ダクト廻りは虫や鳥、雨が入らないように養生する。

**Check!**
- [ ] 気密測定時に養生をするため、そのまま剥がさずに残しておく。シーリングを打つ前には剥がすようにする

## 16 サイディングコーナー下地

コーナーの横胴縁下地は千鳥に留めるとよい。

**Check!**
- [ ] コーナーは不陸が出やすいので施工後タテの通りを確認する

# 7 サイディング①

軽量で施工性もよいサイディングは、外壁通気工法とも相性がよい。付加断熱などの外装材にも適している。

## 1 先張りサイディング張り1

コーナー部分は120mm程度の下地補強を施工する。

**Check!**
- □ コーナー役物はメーカーにより形状が違うため、出隅の下地金物・仕上げ形状を確認する

## 2 先張りサイディング張り2

コーナー部分も通気が動くように施工する。

**Check!**
- □ コーナーは竪樋がつく場合も多いため、補強位置は十分確認する

## 図 サイディングと外壁通気

### ❶小屋裏通気の場合

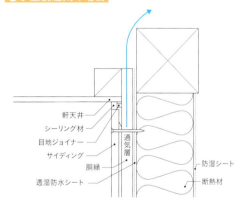

### ❸土台部

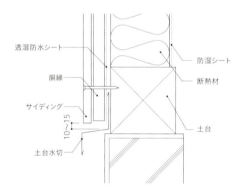

### ❷軒裏部分通気の場合

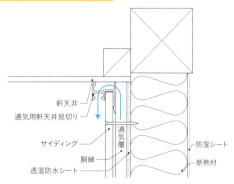

### ❹庇・下屋部

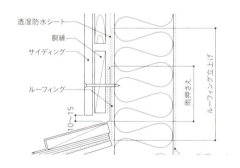

# 8 サイディング②

サイディングの隙間はシーリングで処理することが多いため、経年劣化も考えると外壁通気とセットであることが望ましい。

## 3 サイディング張り

下地処理の確認が終わったら、サイディングを張っていく。

**Check!**
☐ 窓廻りなど傷をつけないように注意しながら施工する

## 4 配線廻りの処理

配線廻りなど壁スリーブ貫通部に仕上げ器具を付ける前にシーリング処理を行う。

**Check!**
☐ シーリング処理する前に配線にキズがないが確認する

## 5 目地のシーリング処理

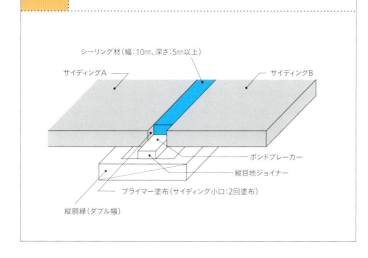

## 6 サッシ廻りのシーリング目地

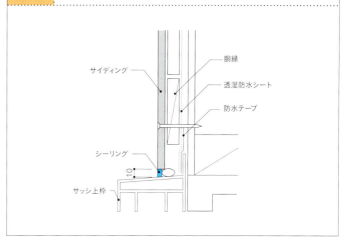

## 7 機器取付け個所の確認

ベントキャップや照明器具を取り付けた後にシーリング処理を行う。

**Check!**
☐ ベントキャップ廻りのシーリング処理は適切か
☐ ビス廻りのシーリング処理が適切か

## 8 外壁の確認

足場解体前にサイディングのシーリング、傷、ずれを確認して回る。

**Check!**
☐ 竪横樋、サッシ廻り、軒裏などすべての個所を写真に納めたか

# 9 モルタル吹付け①

モルタル下地の場合も、外壁通気工法を採用する。また、透湿防水シートとは別に防水紙を施工する。

## 1 防虫ネットの施工

防虫ネットを連続させて施工する。

**Check!**
- □ 胴縁の取付け方により寸法や種類が変わるため、事前に確認しておく

## 2 土台水切の施工

水切にモルタルを付ける場合は、胴縁の上から水切を取り付ける。

**Check!**
- □ 防虫ネットと水切の納まりが適切か

## 3 下地合板張り

モルタル下地合板の継手裏に当て木を入れる。

**Check!**
- □ 合板は千鳥に張られているか

## 4 防水紙張り

防水紙（アスファルトフェルト430程度）をピンと張っていく。

**Check!**
- □ しわがないように張られているか
- □ ハンマータッカーを使用していないか

## 図 防水紙の施工手順

- アスファルトルーフィング
- 水の流れ
- 重ね代
- 開口部

アスファルトルーフィングは水が浸入しないように上から下へ、開口部の外側から内側へ約100mm程度重ね張りとする

## 図 ラス網張りの施工

450

450

開口部廻りはこのようにグラスファイバーネットを伏せ込むとクラック対策として効果がある

# 10 モルタル吹付け②

ここではラス網を張ってモルタル塗りをして、最後に吹付けで仕上げる例を紹介する。

### 5 ラス網張り

ラス網をタッカーで浮き上がりのないように張っていく。

**Check!**
- □ 窓廻り、配管廻りは平ラスにより補強されているか
- □ 入隅・出隅は回り込み300mm程度とって張られているか
- □ 縦張で上下は千鳥に張られているか

### 6 下塗り

下塗りを8~10mm厚程度塗る。

**Check!**
- □ サッシ廻りのマスキング養生などモルタルの塗厚を考慮して施工する

### 7 中塗り

中塗りを平滑に仕上げたら、養生期間を長めにとる。

**Check!**
- □ サッシ廻りは目地ゴテで10×10mm程度のシーリング目地をとる

### 8 プライマーの塗布

養生をした後、仕上げ前にモルタルのひび割れを補修してからプライマーをかける。

**Check!**
- □ プライマーが乾かないときは一日あける
- □ 施工前に近隣挨拶と養生を行う

### 9 パターン吹付け

すべてのシーリング処理が終わったら、パターンを吹き付ける。

**Check!**
- □ 窓廻りだけでなく、配管配線貫通部もシーリング処理する

### 10 上塗り

上塗り材を吹き付けて仕上げる。

**Check!**
- □ 塗料を塗る前に周囲の養生を再確認する。特に隣家に飛び散らないよう注意する

# 11 板張り

板張りの場合も、同様に外壁通気工法を施工する。外壁の木材はそのまま張ってもよいが、色の大幅な変化を避けるのであれば塗装仕上げとする。

## 1 軒天通気見切の施工

板張りの時の軒天井通気は板目透かし張とし通気防虫材で施工するとすっきり見えます。

**Check!**
- □ 5～10枚ごとに垂直に張れているか確認しながら施工する
- □ 板に悪い節やひび割れなどがないか

## 2 隠し水切・通気見切の施工

水切を見せない施工の場合、隠し水切と防虫通気材を先に施工する。

**Check!**
- □ 水切と板がくっつかないように注意する

## 3 羽目板の施工

羽目板を施工していく。縦のジョイント部は斜めにカットして雨水が入りにくいようにする。

**Check!**
- □ 本実の場合はステンレスタッカーを利用する

## 4 羽目板下部の納まり

羽目板の下部は隠し水切より15mm程度下に長く伸ばす。

**Check!**
- □ 下端は最後にまとめて切断するときれいに揃う

## 5 板張り出隅・コーナー役物なし

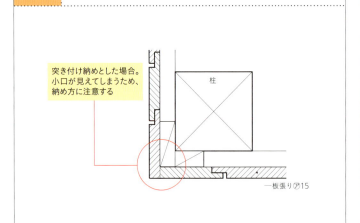

突き付け納めとした場合。小口が見えてしまうため、納め方に注意する

## 6 羽目板張りの完成

張り終えたら、表面で波打っているところがないか、ひび割れの材料が使われていないかなどを確認し、見つけ次第調整や張替えを行う。

**Check!**
- □ 施工して時間が経つと、板があばれて表面が凸凹する可能性がある。足場をばらす前に細かく写真に収めながら、再度確認を行う

# 5章

# 断熱

　断熱工事といっても、求める性能はもちろん、デザイン、プランニング、予算に応じて、さまざまな工法が選択される。壁の断熱も壁内の柱の間に断熱材を収める充填断熱だけではなく、より高断熱を求めるのであれば、外側に断熱材を施工する付加断熱も選択される。まだまだ温暖地では施工例が少ない付加断熱であるが、コストは1〜2万円／坪程度の上昇はあるものの、通常の充填断熱に比べて室内の温熱環境が劇的に向上し、冷暖房費もかなり少なくなるので、ぜひともオススメしたい。

　屋根・天井の断熱は、天井断熱・桁上断熱・屋根断熱から選択することになる。2階の小屋裏空間を利用しない、2階に勾配天井や高い天井もいらないというのであれば、桁上断熱が施工しやすくてオススメだ。また、天井断熱・桁上断熱は屋根断熱と異なり垂木の背に関係なく屋根の断熱厚を好きなだけ増やすことができるため、屋根面の断熱性能を高めたい場合に向いている。また、見上げで断熱材を施工するという大変さから、繊維系断熱材などを中心に吹込み工法（ブローイング）が選択されることも多い。

　ベタ基礎の普及とともに基礎断熱の採用例が増えているが、床下を暖房や換気などに利用しないのであれば、床面がひんやりしない床断熱のメリットは大きい。ただし、壁同様に断熱以外にも防湿・気密・防風などの機能が求められるので、適切な処理が求められる。

# 1 壁の充填断熱

断熱工事のなかでも基本となるのが壁の充填断熱。
この施工方法を理解ししっかり施工できることが応用にもつながる。

## 1 先張りシートを施工

後から施工が大変な部分は先行して防湿シートを張る。

**Check!**
- □ 後から施工する防湿シートと重ねが十分とれる長さがあるか
- □ 必要な個所すべてに先張りしてあるか

## 2 断熱材の充填

断熱材をカットし隙間なくきれいに充填する。

**Check!**
- □ 気密コンセントボックス、ダクト廻りもきれいに入っているか

## 3 断熱材の充填完了

全体を見直し、隙間があれば手直しする。

**Check!**
- □ 下地補強の入れ忘れがないか
- □ コンセント、スイッチ類の位置

## 4 防湿気密シート施工

壁内に湿気が入らないように防湿シートで全体を覆う。

**Check!**
- □ 先張りシート、屋根面のシートがつながっているか
- □ 仕上げの施工に影響がないようピンと張られているか

## 5 貫通部の気密処理

貫通部分の防湿処理をテープにて行う。

**Check!**
- □ 剥がれそうなテープの張り方をしていないか
- □ 使うテープを間違っていないか
- □ シートに穴があいていないか

## 6 袋入りグラスウールの施工

袋入りグラスウールを利用する場合も壁面に隙間なく充填する。

**Check!**
- □ 天井のシートと袋入りグラスウールの連続が確保されているか
- □ 床や梁部分まで防湿シートが伸びているか

# 2 付加断熱

付加断熱はエコハウスといった高性能の暖かい家では必須要件となってきている。
さまざまな熱橋をなくすことができるうえに壁内結露を防ぐ役割もある。

## 1 付加断熱下地の施工

付加断熱材の幅にあわせて間柱を柱に留めていく。間柱を900mm間隔、455間隔で施工するかは外壁材の種類により決まる。

**Check!**
- □ 付加断熱専用ビスを使用しているか
- □ 垂れ防止の縦材が入っているか

## 2 窓廻りの補強

窓廻りに付加断熱用間柱を施工する。

**Check!**
- □ 垂れ防止縦材が入っているか
- □ 開口寸法が適切か

## 3 出隅の処理

出隅を寸法に合わせて切断する。

**Check!**
- □ 仕上げに影響する出幅の寸法を事前に確認しているか
- □ 小口側が不利のため小口が千鳥になるように施工されているか

## 図 付加断熱の窓廻り

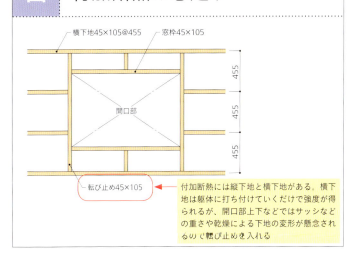

付加断熱には縦下地と横下地がある。横下地は躯体に打ち付けていくだけで強度が得られるが、開口部上下などではサッシなどの重さや乾燥による下地の変形が懸念されるので転び止めを入れる

## 4 付加断熱の施工

付加断熱材を隙間なく施工する。

**Check!**
- □ ダクト配管廻りの気密を確認しながら施工しているか
- □ 施工日の天候を確認しておく

## 5 付加断熱の完了

角や隅などを整えて、全体を隙間なくきれいに充填する。

**Check!**
- □ ダクト配管周りがきれいに充填されているか
- □ 屋根との取り合い部分がきちんと断熱されているか
- □ 外壁一面ずつ仕上げて透湿防水シートが施工されているか

# 3 配線とコンセント

配線とコンセント廻りの納まりは防湿気密の盲点になりやすい。電気屋さんにもしっかり施工方法を伝えなければならない。

## 1 天井の配線胴縁の施工①

天井の仕上げや配線ルートを考えながら胴縁を施工する。

**Check!**
- □ シートの重ね部分はすべて胴縁で押さえてあるか
- □ 胴縁と胴縁の接合部に隙間がないか

## 2 天井の配線胴縁の施工②

天井の配線を考えながら施工する。

**Check!**
- □ 事前に電気屋さんに配線位置を確認する
- □ 配線部分は事前に胴縁がカットされているか
- □ 照明や物干のための下地補強がなされているか

## 3 壁下地補強部の配線

壁の下地補強を施工する。

**Check!**
- □ 下地補強板の裏に配線が来ないように注意する

## 4 コンセントボックスの施工

外周部に気密コンセントボックスを施工する。

**Check!**
- □ 断熱が施工しやすいように配線はまとめてあるか
- □ 付加断熱工事が終わってからの施工であるか

## 5 コンセントボックスの処理

気密コンセントボックス周りの断熱材を施工する。

**Check!**
- □ 気密コンセントボックスの裏にきちんと断熱材が充填されているか
- □ 配線は壁の中で中空にせず外気側の壁に沿わせてあるか

## 図 コンセントボックスの気密

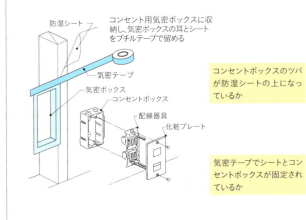

コンセント用気密ボックスに収納し、気密ボックスの耳とシートをブチルテープで留める

- 防湿シート
- 気密テープ
- 気密ボックス
- コンセントボックス
- 配線器具
- 化粧プレート

コンセントボックスのツバが防湿シートの上になっているか

気密テープでシートとコンセントボックスが固定されているか

# 4 桁上断熱

最上階の水平剛性を確保できるうえに、気密・断熱工事が容易な桁上断熱。
ダクトや配線スペースを確保できるなどの利点もある。

## 1 合板気密パッキンの施工

建方で軒桁が組み上がったら、合板気密パッキンを気密ラインを考えながら施工する。

**Check!**
- □ 建方の日の施工のため事前に段取りを行い速やかに施工する

## 2 合板の施工

合板気密パッキンを貼ったらその上から合板を敷き込む。

**Check!**
- □ 水平剛性も確保するため釘の種類・ピッチも確認する

## 3 防湿気密シートの敷き込み

合板のうえに気密シートを施工する。10cmの重ねを取り、気密テープで連続させる。

**Check!**
- □ 合板の上を清掃してから施工されているか
- □ 軒桁の外周ラインまでシートを伸ばして気密テープで処理されているか

## 4 合板貫通部の気密処理

防湿シートを貫通する束廻りを気密テープにより防湿気密処理する。

**Check!**
- □ 束貫通部分は専用の部材を利用するときれいに施工できる

## 5 断熱材の施工

断熱材を奥から丁寧に敷き込んでいく。

**Check!**
- □ 断熱材を敷込みしやすい位置に気密断熱点検口が設置されているか
- □ 1層目と2層目は互い違いに施工されているか

# 5 天井吹込み断熱

天井吹込み断熱は施工が容易で安価なため、一般的によく使われる。
断熱厚さが必要な場合にも向いている。

## 1 シート押さえ下地の施工

シートを張る前にシート同士の重ねの位置に下地材を施工する。

**Check!**
☐ 壁との取合い部も忘れずに下地を入れてあるか（気流止めも兼ねる）

## 2 先張りシートと先行配線

間柱を施工する前に間仕切り部分に先張りシートと電気配線を施工する

**Check!**
☐ 間柱を後で施工できるようにまぐさが入っているか

## 3 防湿気密シートの配線貫通部処理

配線が防湿気密シートを貫通する部分はウレタンや気密テープなどで気密処理する。

**Check!**
☐ 天井吹込み断熱のときは防湿シートで気密をとるため念入りに施工する

## 4 気密シート張り

防湿・気密シートを連続させながら施工する。

**Check!**
☐ 先張りシートを施工することで容易に施工できる

## 5 天井裏の配線の気密処理

天井裏より配線の気密処理を確認する。

**Check!**
☐ 断熱吹込み前に配線の気密処理を入念に確認する

## 6 断熱材の吹込み

端から隙間なく吹き込んでいく。

**Check!**
☐ 予定通りの厚みになっているか

# 6 桁上断熱・天井吹込み断熱

桁上敷込み断熱と天井吹込み断熱とした場合の納まりである。
断熱・気密ラインの違いを理解して、施工を行いたい。

## 図 桁上断熱・天井吹込み断熱

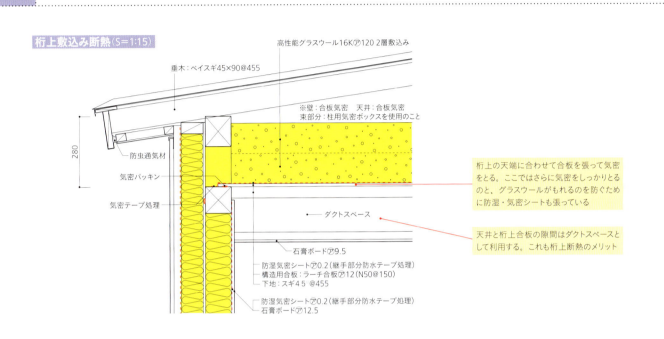

桁上の天端に合わせて合板を張って気密をとる。ここではさらに気密をしっかりとるのと、グラスウールがもれるのを防ぐために防湿・気密シートも張っている

天井と桁上合板の隙間はダクトスペースとして利用する。これも桁上断熱のメリット

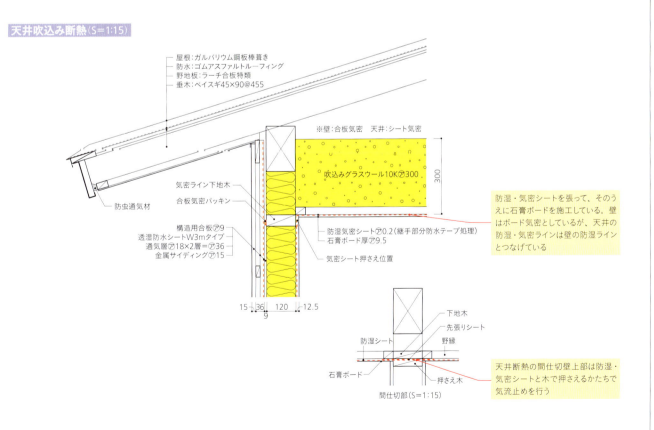

防湿・気密シートを張って、そのうえに石膏ボードを施工している。壁はボード気密としているが、天井の防湿・気密ラインは壁の防湿ラインとつなげている

天井断熱の間仕切壁上部は防湿・気密シートと木で押さえるかたちで気流止めを行う

# 7 天井吹込み断熱（サンドイッチ）

天井吹込み断熱のときに、桁で合板により水平剛性を取り天井との間を吹き込む断熱方法。密度の高い断熱材を吹き込むことができる。

## 1 合板の施工

軒桁の施工が終わったら構造用合板を全面に敷き込む。合板の敷き込みが終わり棟が上がったら、合板の隙間をチェックする。

**Check!**
- □ 合板気密ではないので、気密処理はしない
- □ 釘の種類、ピッチは適切か
- □ 断熱材がもれないように気密テープで隙間が処理されているか

## 2 断熱材吹込みの穴の処理

防湿シートを施工して石膏ボードを先に張ったら、開口より断熱材の吹込みを端から順番に行う。断熱材の吹込みが終了したら穴を気密テープで補修して石膏ボードで塞ぐ。

**Check!**
- □ 吹込み専用の開口を吹込みが行いやすいように開けておく
- □ 合板と石膏ボードの間に断熱材がしっかり詰め込まれているか

## 図 天井吹込み断熱（サンドイッチ）

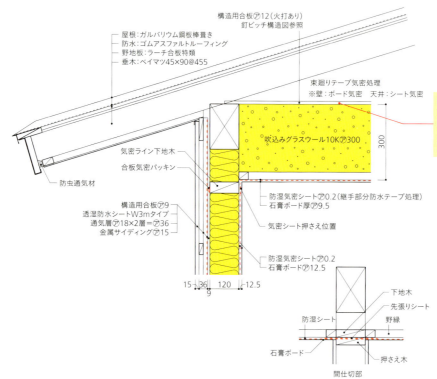

桁上で水平剛性を取ったためにできた天井と桁上の隙間に断熱材を充填する工法。桁上のスペースがない場合で、水平剛性をしっかり取りたい場合に向いている

# 8 屋根付加断熱

屋根断熱の内側に付加断熱を行う方法。天井裏のスペースがないがある程度勾配天井の内側に厚みのある断熱材を入れたい場合などに利用される。

## 1 気密ラインの下地施工

外周部の付加断熱の下側から下にシート押さえ用の木を入れる。

**Check!**
☐ 屋根断熱の施工後だと壁の断熱材が入れにくくなるので、前もって壁の断熱材は入れておく

## 2 1層目の付加断熱下地の施工

垂木に直行するように断熱材の幅に合わせて付加断熱下地を施工する。

**Check!**
☐ 付加断熱下地は付加断熱用のビスでしっかりと固定されているか

## 3 2層目の付加断熱下地

断熱材を充填したら、施工した付加断熱下地に直行するようにさらに付加断熱下地を施工する。

**Check!**
☐ 付加断熱下地は付加断熱用のビスでしっかりと固定されているか

## 4 防湿気密シートの施工

断熱材を入れ、防湿気密シートを施工する。

**Check!**
☐ 防湿気密シートの先端が壁の防湿気密シートと連続するように余分な長さが取ってあるか

## 5 火打廻りの気密処理

火打廻りなど押さえ木が困難なところは気密テープと押さえ木の両方で気密処理を行う。

**Check!**
☐ 長期にわたり気密が確保できるように施工されているか

## 6 胴縁で防湿気密シートを固定

胴縁で防湿気密シートを押さえて、天井と壁の防湿・気密層をつなげる。

**Check!**
☐ シート気密が取れるように木同士が密着するように施工する

# 9　屋根断熱①

ツーバイ材（2×10材）を利用した屋根断熱の施工方法である。
垂木間に断熱材を施工すると高断熱にすることができる。

## 1　軒先の先張りシートの施工

軒先に先張りシートを桁の先端合わせから垂木の立ち上がり少し長めになる幅で施工する。

**Check!**
☐ 火打ち梁周辺はシートが留められないので先張りシートを長めにしておく

## 2　面戸と垂木の施工

垂木が転ばないように面戸を施工する。

**Check!**
☐ 面戸の長さは垂木間寸法マイナス1〜2㎜すると丁度よい

## 3　棟の先張りシートの施工

棟には防湿シートが連続するように先張りシートを施工する。

**Check!**
☐ 先張りシートは継ぎ目をつくらず1枚で施工されているか

## 4　棟の先張りシートの施工

後から張るシートと連続するように垂木の下場欠込みより20cm程度伸ばしておく。

**Check!**
☐ シートの長さが十分か

## 5　先張りシート重なり部分の処理

シート同士が連続するように重ねを十分にとる。

**Check!**
☐ シート重なり部分で垂木や面戸でしっかり押さえて連続性が確保されているか

## 6　コーナー用下地の設置

先張りシートの押さえ材を忘れずに施工する。

**Check!**
☐ ケラバ側の石膏ボード下地は忘れていないか
☐ ツーバイ材の屋根断熱は上から断熱を入れたいので、天候には十分注意する

# 10 屋根断熱②

屋根通気のスペースを断熱材の上に確保する場合、通気スペーサーという部材を使用することが多い。ここではダンボール製の通気スペーサーを活用した例を解説する。

## 7 断熱材の施工

先張りシート垂木の施工が終わったら断熱材を隙間なく充填する。

**Check!**
☐ 下に落ちないように胴縁などで垂木裏に打ってあるか

## 8 通気ダンボールの施工1

通気ダンボールを面戸の先端より施工する。

**Check!**
☐ 面戸は通気段ボールの厚さ分下げておく

## 9 通気ダンボールの施工2

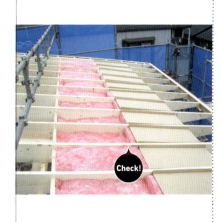

通気ダンボールはタッカーで縁部分を垂木に留め付ける。

**Check!**
☐ グラスウールに押付けないように垂木の天端合わせで施工されているか

## 10 通気ダンボールの施工3

通気ダンボールの施工が終わり次第野地板を施工する。

**Check!**
☐ ルーフィングまで素早く施工できるように事前段取りをしっかりと行う

## 11 通気層の確認

通気層がきちんととれていることを確認する。

**Check!**
☐ ダンボールの真ん中が上に浮かないように施工されているか

## 12 トップライト廻りの処理

トップライト廻りも丁寧にダンボールを切って施工する。

**Check!**
☐ 通気層が連続するように適宜垂木に欠込みを入れている

# 11 屋根断熱③

屋根断熱の軒先・棟・けらばの納まりである。屋根の断熱材を厚くしたにもかかわらず、軒先の厚みを抑えるような工夫をしているのが分かる。

## 図 軒先・棟・けらば

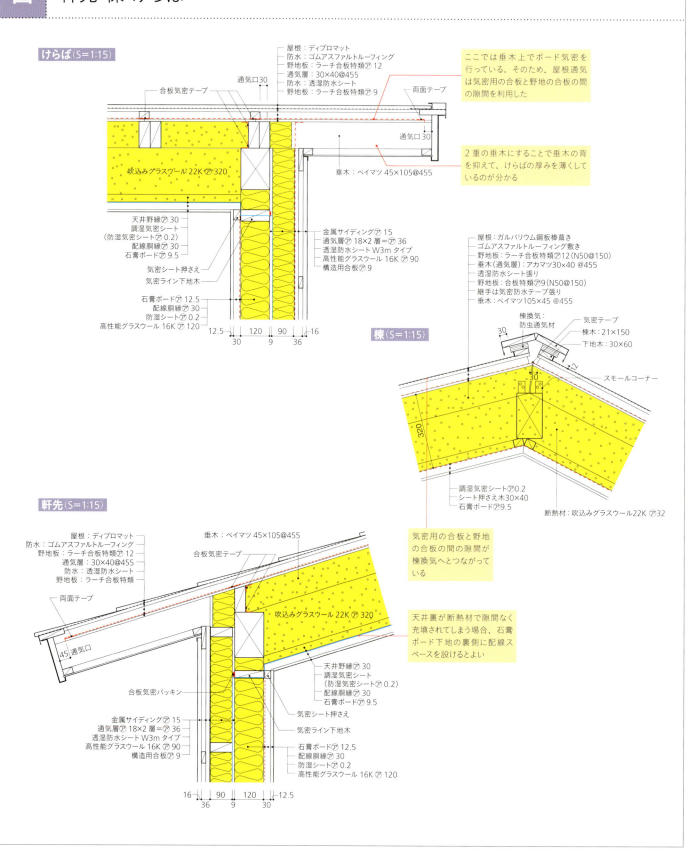

# 12 下屋の断熱

間違った納まりになりやすい下屋の断熱。壁、天井の防湿・気密ラインをしっかり理解して連続させることが重要。

## 1 先張りシートの施工1

屋根断熱の場合は屋根を仕上げる前に先張りシートを施工する。

**Check!**
- □ 事前に施工図を書いて大工さんと納まりを確認しておく
- □ 先張りシートに傷や穴がないか確認し、ある場合は気密テープで補修する

## 2 先張りシートの施工2

壁の防湿シートのことも考えて下地をつくり、防湿シートを施工する。

**Check!**
- □ シート同士が連続しているか

## 3 下屋の天井部の断熱の施工

下屋を天井断熱にする場合は、野縁の間も含め隙間なく充填する。

**Check!**
- □ 壁と天井のシートが連続するところに下地が入っているか
- □ 壁室内側のシートが梁まで伸びているか
- □ 外部の雨仕舞いが仕上がってから施工されているか

## 4 下屋の屋根部の断熱の施工

下屋を屋根断熱にする場合は垂木間に隙間なく断熱材を施工する。

**Check!**
- □ シート押さえの下地材がきちんと施工されているか
- □ シートに傷がつけないよう注意して施工されているか

## 5 火打廻りの断熱の施工

火打廻りの断熱材も丁寧に施工。

**Check!**
- □ 火打廻りの防湿シートがきちんと施工できているか

# 13 床断熱①

壁の断熱に比べて床は手を抜きがち。壁と同じようにていねいに施工することが大事である。

## 1 透湿防水シートと断熱材

土台大引間に床下用断熱材を施工する。透湿防水シートと断熱材をくるむ。

**Check!**
- □ 先に断熱材に透湿防水シートをつけてしまうのがポイント

## 2 透湿防水シートの施工

透湿防水シートを施工することで断熱材の落下、虫の侵入、断熱材の飛散を防ぐ。

**Check!**
- □ 断熱材用の金物も忘れずに施工されているか
- □ 透湿防水シートがとれそうになっていたり傷ついたりしてないか

## 3 1層目の断熱材の施工

透湿防水シートの上に1層目の断熱材を敷く。

**Check!**
- □ 火打廻りなども隙間なく施工されているか

## 4 2層目の根太の施工

1層目の断熱材を敷き終えたら大引に合わせて根太を敷き、その隙間に2層目の断熱材を充填する。

**Check!**
- □ 柱廻りなどの合板が連続して気密が取れるように根太が入っているか

## 5 床貫通部分の施工

排水廻りや床貫通部分は気密が取りづらいので、現場発泡ウレタンを充填する。

**Check!**
- □ 貫通部分を木で囲み、その隙間に現場発泡ウレタンが充填されているか。周囲を合板気密パッキンで施工されているか

## 6 合板気密パッキンの施工

2層目の断熱施工と気密処理が終わったら、合板のジョイント部分に合板気密パッキンを施工する。

**Check!**
- □ 合板で気密をとるため、しっかり連続するように施工されているか

# 14 床断熱②

床断熱の場合、床面に合板を張るのでそのままボード気密とするのが簡単だ。ただし、通常の捨て貼り合板や剛床とは異なり、気密処理はていねいに行いたい。

## 7 フローリング下地合板の施工

断熱材の上に合板を丁寧に敷きこんでいく。

**Check!**
☐ 断熱材の上のほこりなどを取り除かれているか

## 8 完成

床断熱が完成したら床断熱の施工内容を確認する。

**Check!**
☐ 土台大引、透湿シート、1層目断熱、2層目根太、2層目断熱、合板気密パッキン、厚床合板の順番で施工されているか

## 図 床断熱の納まり

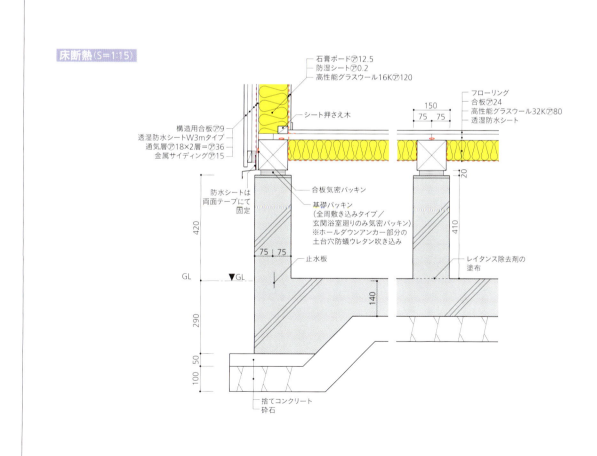

床断熱（S=1:15）

# 15 床断熱③

床断熱も通常の床断熱と、床断熱と基礎断熱を併用する場合とがある。

## 図　床・基礎併用断熱と床断熱時のユニットバスの断熱

### 床・基礎併用断熱（S=1:15）

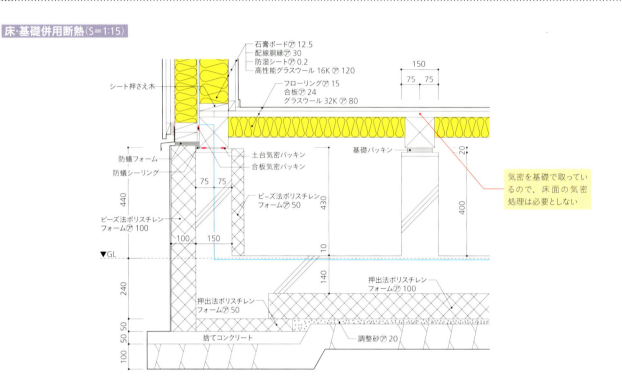

### ユニットバスの断熱（S=1:15）

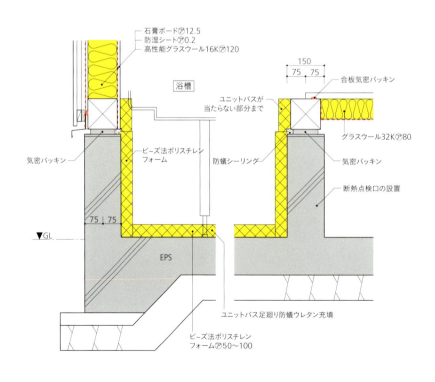

# 6章

# 屋根・バルコニー

屋根は防水上重要な部位であるが、それは下葺きであるルーフィングの施工精度によるところが大きい。したがって、詳しくは建方の章で解説しているルーフィングの施工を確認してほしい。とはいえ、屋根材の種類や屋根形状によって施工方法や納まりが大きく変わってくるので、この章ではその点を細かく解説する。

また、屋根では基本的には水下から水上に向けて屋根材を施工していくのだが、特に棟部分は棟換気を行っている場合が多いので、棟換気が機能するように納まりや施工には十分注意したい。また、軒先やけらば、下屋と壁の取り合い、軒裏の納まりなども設計・施工上の工夫を要する。

バルコニーは外壁と接し、バルコニーを支持する構造によっては外壁を貫通する場合もあるので、構造だけではなく、断熱・気密・熱橋対策の面でも十分な検討を行いたい。できれば、梁を持ち出さずに金物などを使ったり、柱が受けたりして躯体の構造と絶縁するかたちでバルコニーを支持すれば、外壁の防水はもちろん、断熱層や気密層が分断されないので理想的である。

したがって、さまざまなリスクを回避するのであれば、既製品のバルコニーを選択するという方法もある。デザイン的にシンプルなものを選んだり、部分的に壁だけ仕上げたりすれば、意匠的にも外観に馴染ませることができる。

# 1 金属屋根①

金属屋根は軽量で耐久性にも優れた材料である。ここでは一般的な葺き方の1つである瓦棒葺きを例に解説する。

## 1 ルーフィング張り

野地板の上にルーフィングを張る。棟換気部分は施工の時に換気個所をカットする。

**Check!**
- □ ルーフィングの重ね代が適切か。上下方向は100mm以上、左右は200mm以上
- □ ルーフィング表面に破れがないか

## 2 軒先の金物施工

唐草をルーフィングの下になるように施工する。

**Check!**
- □ 唐草の先端が破風に近すぎていないか
- □ 唐草の通りがきれいか。唐草がヨレヨレの時は掴み直してもらう

## 3 棟換気の設置

設計図面通りに棟換気を設置する。屋根換気においてもっとも重要な部位なので、しっかりと換気されるように気を配りたい。

**Check!**
- □ 屋根勾配に制限がある場合があるので、緩勾配の場合はメーカーに問い合わせておく
- □ あとで確認できるように施工の写真をしっかりと撮っておく

## 4 金属屋根の施工

金属屋根を施工する。棟木部分はルーフィングをかけてから棟の板金を施工する。

**Check!**
- □ カラー釘で留めて、周囲をシーリング処理しているか。ステンレス釘は使わないようにする

## 5 妻部分

妻部分は通りがよく見えるので、施工したらていねいに確認する。

**Check!**
- □ 妻部分の通りがきれいか

## 6 瓦棒の軒先部分

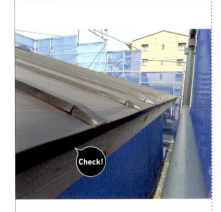

瓦棒の先端の木をカットして、板金を巻く

**Check!**
- □ 先端の木は軒先より10cm程度手前でカットされているか

# 2 金属屋根②

金属屋根では、棟廻りに適切な隙間をあけて、しっかりと棟から屋根内の空気が排出されるように考えて施工する。

## 7 瓦棒の棟部分

瓦棒の棟部分の通気がきちんととれているかを確認する。

**Check!**
☐ 棟の板金の折り返しと屋根表面の隙間が18~24mm程度あるか

## 8 妻側棟の部分

棟板金は最後の棒付近で留めると、見た目すっきりする。

**Check!**
☐ 棟板金の処理がきれいか

## 図 金属屋根を構成する部材

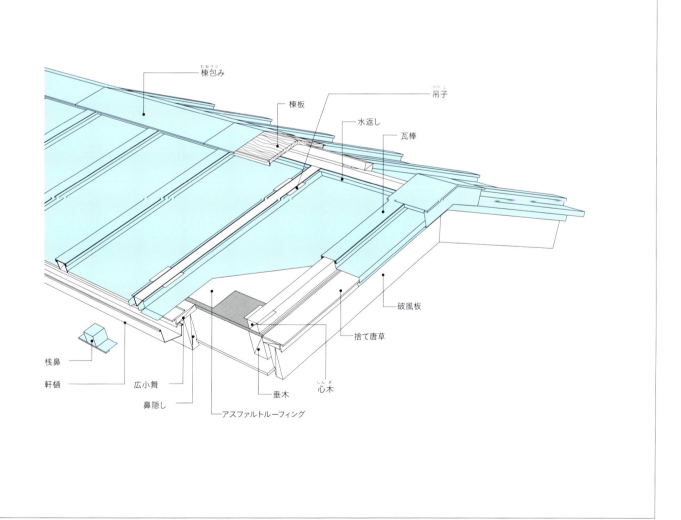

棟包み / 棟板 / 吊子 / 水返し / 瓦棒 / 破風板 / 捨て唐草 / 心木 / 垂木 / アスファルトルーフィング / 鼻隠し / 広小舞 / 軒樋 / 桟鼻

# 3 化粧スレート

カラーベスト、コロニアルといった商品名でも呼ばれる化粧スレート。
日本でもっとも普及している屋根材である。

## 1 けらばの処理

けらば部分からスレートを葺いていく。

**Check!**
- □ スレート・板金の色が指定通りになっているか施工前に確認する
- □ メーカーの金物で施工されているか、固定方法は施工要領通りになっているか
- □ 釘頭がシーリング処理されているかどうか

## 2 化粧スレートの施工

化粧スレートを川下から川上に向かって葺いていく。

**Check!**
- □ 釘が規定のピッチで施工されているか

## 3 棟部の処理

棟換気を設置する範囲を確かめながら化粧スレートを棟部分に葺く。

**Check!**
- □ 棟換気材の下地木がしっかり固定されているか

## 4 棟換気の設置

棟換気の設置場所に合わせてスレートをカットする。

**Check!**
- □ 棟換気のベニヤ開口幅は30mmあることを確認する
- □ カットしたスレートのごみが通気層に入らないように注意する

## 5 雪止め金物の設置

雪止め金物は外壁の上にくるように千鳥で2段以上配置する。

**Check!**
- □ 指定の釘で留めてあるか

## 6 完成

化粧スレート施工後は全体の仕上がりを確認する

**Check!**
- □ 最後に棟、隅棟の釘のピッチ、シーリング処理が適切か

# 4 瓦屋根

瓦は割れやすい材料なので、ていねいに扱いたい。

## 1 瓦桟の設置

瓦桟を瓦のピッチに合わせて施工する。瓦桟には防腐剤入りのものを使用。

**Check!**
- ☐ 瓦桟は下側に水が抜けるように施工されているか

## 2 下屋の隅廻りの納まり

捨て谷を釘のピッチ、瓦桟の逃げ寸法を確認しながら施工する。

**Check!**
- ☐ 捨て谷幅は150mm程度とする

## 3 棟部分の納まり

棟部分に棟換気部材を設置する。

**Check!**
- ☐ 棟換気部材が指定された釘とピッチで施工されているか

## 4 壁との取り合い

雨押さえと瓦の間をシーリングで塞ぐ。

**Check!**
- ☐ 隙間なくシーリングで塞がれているか

## 5 妻側の納まり

パッキン付きのステンレスビスを使用して固定する。

**Check!**
- ☐ ビスの打ち忘れがないか

## 6 完成

完成したら瓦が割れてないかを確認する。

**Check!**
- ☐ 特に足場解体時には割れやすいので注意する

# 5 下屋

下屋や庇は外壁と取り合うため、防水上・断熱上の欠点になることがある。
設計段階で防水ラインや断熱ライン、通気層などの連続を十分に検討しておくことが重要だ。

## 1 下屋1層目の通気層

下屋の通気層を外壁の通気層がつながるように下屋の下地を組む。

**Check!**
☐ 外壁の通気層と下屋の通気層が連続するように施工されているか

## 2 外壁下地の施工

付加断熱施工後、透湿防水シートの施工を行い、縦胴縁を通す。

**Check!**
☐ 下屋のルーフィングを施工する前に壁の透湿防水シートの施工を完了しているか

## 3 ルーフィング張り

下屋の野地板を張ってルーフィングを300mm以上立ち上げて施工する。

**Check!**
☐ 外壁の透湿防水シートと下屋のルーフィングを連続させているか

## 4 透湿防水シートの施工

ルーフィングの上にもう一度透湿防水シートを施工する。

**Check!**
☐ 2重胴縁を利用して通気層と防水層を確保しているか

## 5 屋根材の施工

屋根材を葺く。

**Check!**
☐ 屋根材に破損がないか

## 6 庇を取り付ける場合

庇には先付け、後付け、既製品タイプとある。デザインと目的を決めてから庇の種類と施工方法を考えることが重要である。

**Check!**
☐ 外壁通気と防水をどこで納めるのか事前に確認しておく

# 6 寄棟

屋根に立体感を出すために多用される屋根の形状である。
ここでは棟換気のある棟部分を中心に解説する。

## 1 通気層の確保

1層目のベニヤの上に通気胴縁と2層目の耐水ベニヤを施工する。

**Check!**
☐ 屋根通気が機能するように施工されているか

## 2 通気部材用下地の取付け

通気部材の大きさに合わせて加工された通気部材用下地を取り付ける。

**Check!**
☐ 通気部材の施工前に下地材が取り付けられているか

## 3 防虫通気材の取付け

通気部材用下地とルーフィングの隙間に防虫通気材を取り付ける。

**Check!**
☐ 防虫通気材が正しく施工されているか

## 4 棟部分のルーフィング張り

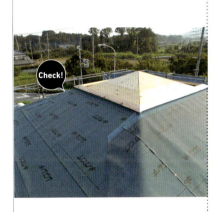

棟部分以外の屋根全面にルーフィングを張る。

**Check!**
☐ 水下から水上へ向けてルーフィングが張られているか

## 5 屋根材を葺く

屋根材(アスファルトシングル)を葺いていく。

**Check!**
☐ 屋根材も水下から水上へ向けて隙間なく施工されているか

## 6 換気棟の完成

屋根材が葺き終ったら完成である。

**Check!**
☐ 屋根材のビスの止め方、端部の処理、破損などを確認する

# 7 バルコニー①

バルコニーは外壁を貫通するため、断熱・気密・防水ライン、さらには通気層の連続などに気を配りながら、設計・施工することが大事になる。

## 1 床下地通気胴縁

床下地の合板の上に勾配を考えながら通気胴縁を施工する。

Check!
□ 通気胴縁に1/50以上の勾配が取れているか

## 2 通気胴縁のスリット

手摺壁の中まで通気が通るように手摺壁の通気胴縁を施工する。

Check!
□ 手摺壁の合板は床通気胴縁と耐水合板の施工後に取り付けられいるか

## 図 バルコニーの断熱

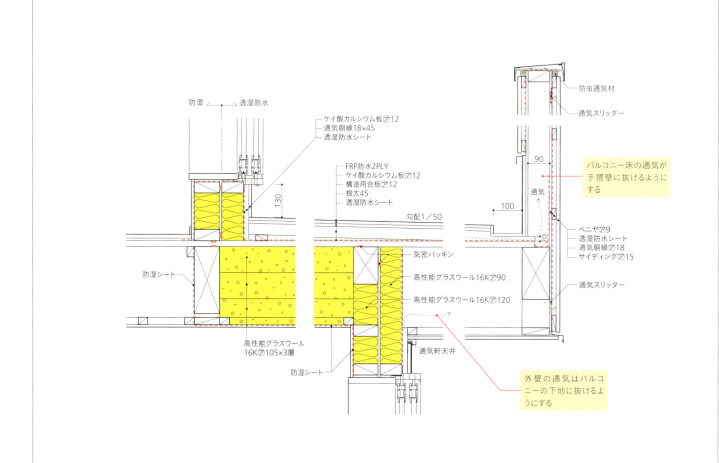

# 8 バルコニー②

バルコニーは漏水リスクのある場所なので、防水処理や排水経路には十分注意したい。水が床に溜まらず、効率的にドレンを伝わって流れるかが重要になる。

## 3 壁の通気スリット

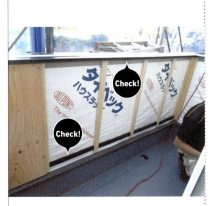

手摺天端、手摺下端に手摺壁の通気をとるための専用部材（防虫通機材＋通気スリッター）を施工する。

**Check!**
- □ 手摺壁の通気層やその出入口が確保されているか

## 4 床下地合板の施工

床の通気胴縁が完成したら、耐水合板12mm厚とケイカル板12mm厚を敷き、釘で胴縁に止める。

**Check!**
- □ 勾配が取れているか
- □ ケイカル板にひびや割れがないか
- □ ケイカル板から釘頭が出ていないか
- □ 施工後はブルーシートなどで雨が入らないように養生しておく

## 5 防水工事

ガラス繊維マットを敷き、コーナー材の設置、下処理のシーリングを打ち、FRPの防水工事を行う。

**Check!**
- □ FRP防水の場合は2プライ（2層）で施工されているか

## 6 床面の養生

FRP防水が完全に乾いたら養生をする。

**Check!**
- □ ブルーシートなどで雨が入らないように隙間なく養生しておく

## 7 防水処理の確認

手摺壁の天端に笠木を取り付ける前に下地の防水処理を確認する。

**Check!**
- □ 笠木の下地箇所が専用の防水テープで正しく施工されているか

## 8 完成

笠木の取付けが終わったら、床の養生シートを剥がし、表面の傷を確認する。

**Check!**
- □ 防水表面の傷が目立つ場合は補修を行う
- □ 外壁との端部シーリング処理が適切に行われているか

# 9 既製バルコニー

既成のバルコニーを使うことで、通気・断熱工事がシンプルになり、建物本体の施工も容易になる。

## 1 後付け用の金物を外壁に設置

外壁の中間水切の位置やサッシ下、外壁との納まりを考慮のうえバルコニーの高さを決め、後付け用の金物を外壁に取り付ける。

**Check!**
- ボルト廻りの雨仕舞い（シーリング、ブチルテープ）の施工が適切か

## 2 後付け用金物の下地の設置

後付け用の金物の設置個所に壁の室内側から下地材（補強梁）を入れる。

**Check!**
- 室内側の補強梁が外側の金物の位置と合っているか
- バルコニーの位置によっては梁の組み方が変わるケースもあるので、事前にメーカーに確認して上棟前に構造や納まりを決めておく

## 3 先付けバルコニー用腕木の設置

先付けバルコニーの場合、外壁を貫通して腕木を取り付ける。外壁の納まりが複雑になるので、上棟前にメーカーに確認して構造や納まりを決定しておく。

**Check!**
- 設計図書通りの高さに腕木が施工されているか

## 4 既製バルコニー施工

外壁工事が終了後、既成バルコニーを取り付ける。既製品の場合、メーカー施工になる場合が多い。

**Check!**
- 工事前に施工業者と納まりや注意点について打合せを行う

## 5 排水ドレンの設置

床の排水ドレンを設置する。設置後には、雨仕舞いが悪いところがないか再度確認する。

**Check!**
- 排水ドレンにビスやごみがたまっていないか

## 6 完成

既成バルコニーが完成したら、床面などに養生を行う。

**Check!**
- 既成バルコニーに傷がないか

# 造作・設備

7章

床板張りもエコハウスであれば、無垢材を使用することにこだわりたい。自然素材特有の伸び縮みや木目や色味、加工にもバラツキがあるが、現場で簡単に加工や調整ができるので、その特性をうまく扱いながら施工したい。あまった板材は敷居や鴨居、幅木などに利用すれば、無駄もなく、色味にも統一感が出る。階段に関しては、木造住宅であってもさまざまな構造が使われる。ここでは、室内の階段でよく使われる木製と鉄骨の階段を紹介するが、特に木製階段については、外部に接した階段の例を紹介し、そこにかかる断熱・気密などの考え方を解説する。階段は複雑な形状をしているが、断熱・気密の考え方に関しては、外壁と同様に考えれば問題ない。気密も外壁の気密ラインと揃えながら、ボード気密やシート気密のルールに合わせて施工すれば問題ない。鉄骨階段は、鉄骨部分が鉄工所での制作となるため、木造部分との取り合いをうまく納めるのが重要になる。基本的には現場加工が可能な木造部分で調整していく。

浴槽は、ユニットバス、ハーフユニットバスともに、断熱・気密・防水ラインの考え方が重要になる。特にハーフユニットの場合は、上部の仕上げが在来工法のように木やタイル、塗装などとなるため、発生する水蒸気が躯体内に拡散しないように、建築による対策が重要になる。基本的には仕上げの裏側に通気層を設けるなど、外壁のような納まりにするのがよい。

# 1 床板張り①

無垢フローリングに自然系塗料を現場塗装した場合の施工例を紹介する。
無垢フローリングは温度により膨張収縮するため、その点に配慮した施工が求められる。

## 1 床材の塗装

養生などや塗料の飛散があるため、室内工事のない日を狙って、床板を現場塗装する。

**Check!**
- 養生用の桟木は多めに用意しておく
- 塗装時に床板の品質も確認し、選別など行っておく

## 2 下地合板の養生剥がし

床板を張る前に下地合板の養生を剥がして清掃する。

**Check!**
- 清掃には掃除機を用いると効率的

## 3 床板の張り出し

床板の張り出し、張り方向を確認して作業に入る。

**Check!**
- フローリングが壁に対して平行・垂直になっているか確認しながら張っていく

## 4 床板ボンド貼り

床鳴り防止のため、ボンド併用で取り付ける。

**Check!**
- ボンドにはフローリング専用のボンドを用いているか
- 実にボンドがついていないか

## 5 床下点検口の処理

床下点検口はあらかじめ割付けにより位置を決めておく。

**Check!**
- 床下で気密を確保するときは、気密床下点検口を利用する

## 6 端を揃えるための工夫

フローリングを代用した敷居や上段框などを施工する。

**Check!**
- フローリングを代用すると、コスト面、床面との統一感などメリットも多い

# 2 床板張り②

無垢フローリングの施工では、留め方なども重要になる。
継ぎ方によってどのように釘を打っていくか把握しておきたい。

## 7 小口の処理

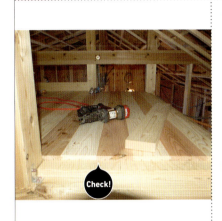

無垢フローリングなどでは割れなどを防ぐために、小口を壁から離して施工する。

**Check!**
- □ フローリングの小口と壁の間に隙間がとってあるか

## 8 床養生シート張り

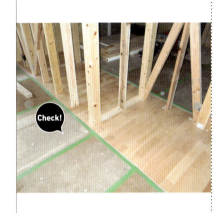

床板が張り終わったら床を清掃して養生ベニヤを張る。

**Check!**
- □ 作業場（石膏ボードを切ったりするところ）になる部屋は養生を2重張りにしておくとよい

## 図 床板張りの施工と納まり

**床板張りの納まり**

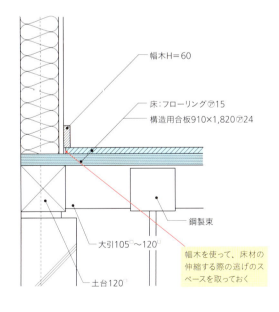

- 幅木H=60
- 床：フローリング⑦15
- 構造用合板910×1,820⑦24
- 鋼製束
- 大引105□〜120□
- 土台120□

幅木を使って、床材の伸縮する際の逃げのスペースを取っておく

**床板のジョイントと留め方**

①本実継ぎ　釘止め／本実
②雇い実継ぎ　雇い実
③合决り継ぎ　釘止め
④突付け継ぎ　釘止め

床板のジョイントに取って、釘の止め方を考える。釘の代わりにステープルを使うことも多い

# 3 木製階段①

階段下が外部に接する階段の施工例を紹介する。階段という複雑な形状で防湿・気密層、断熱層などをどう取っていくか、連続性が考えながら施工する。

## 1 ささら桁の加工

ささら桁を寸法に合わせてカットして取り付ける。

**Check!**
- ささら桁が構造にしっかりと緊結されているか

## 2 階段裏の防湿・気密処理

段板を取り付けた後にささら桁の下部に防湿シートを張り、ささら桁の小口にぶつけるように階段裏板の合板を取り付ける。裏板の合板が気密ラインとなるため、ささら桁の小口と裏板の合板の隙間には合板気密パッキンを併用する。

**Check!**
- 防湿ライン、気密ラインを事前に設計図で確認のうえ施工する

## 3 階段裏の付加断熱

階段裏の付加断熱工事を行う。

**Check!**
- 段板の裏も壁と同じ工法や考え方で施工する

## 4 段板の養生

段板の外周部側に防湿シート押さえ用の下地を入れて段板を養生する。

**Check!**
- 防湿シート押え用の下地は一段目から桁まで連続するように施工する

## 5 化粧蹴込み板の設置

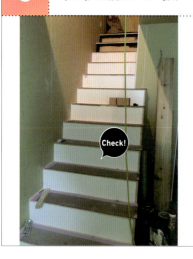

化粧蹴込み板を取り付ける。

**Check!**
- 接着剤のみで直張りとする

## 6 木製階段の完成

木製階段の完成。階段下が外部に接するため、外部収納として利用できる。

**Check!**
- 化粧板、段板の傷や膨れ、ビス、釘の飛び出しがないか

# 4 木製階段②

階段下が外部に接する階段の納まりを見てもらうと分かるように、外壁と同様の考え方で、断熱層や防湿・気密層、通気層などを取っている。

図 外部に接する木製階段

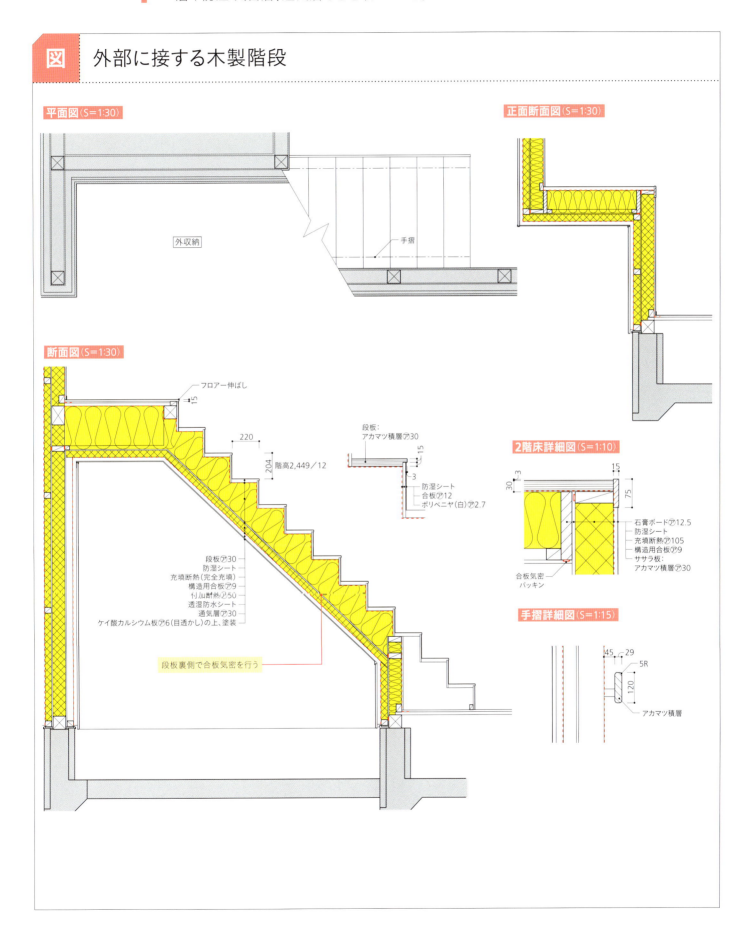

# 5 鉄骨階段①

鉄骨のささら桁と木材の段板を組み合わせた階段の施工例を紹介する。
鉄工所の工場加工と現場の木工事をどう組み合わせていくかがポイントとなる。

## 1 鉄骨ささら桁の製作

鉄工所で設計図に合わせて加工してもらう。

**Check!**
- 鉄は熱で多少寸法の変化が生じるため、段板はささら桁取付け後に再度寸法を測った上で加工・調整する

## 2 鉄骨ささら桁の寸法確認

設計図に合わせて鉄骨部材の寸法の確認を行う。

**Check!**
- 現地で加工直しはできないので、必ず工場で確認する

## 3 鉄骨のささら桁の脚部固定

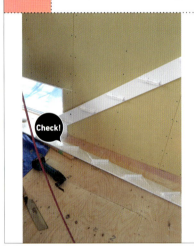

錆止め塗装後、現地に搬入して鉄骨のささら桁の足元を固定する。

**Check!**
- 一度仮置きして納まりや位置を確認してから固定する

## 4 鉄骨のささら桁の上部固定

鉄骨のささら桁上部を梁に固定する。

**Check!**
- 梁の水平を確認してから取り付けられているか

## 5 木製の段板の取付け

木製の段板を鉄骨のささら桁の寸法に合わせてカットして取り付ける。

**Check!**
- 段板は取り付け時に加工・調整することを前提で考えられているか

## 6 養生・完成

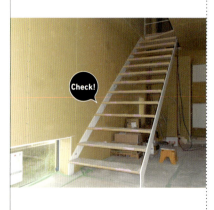

最後に養生をして完成。

**Check!**
- 木工事が終了したら仕上げ塗装をするため、段板は仮止めにしておく

# 6 鉄骨階段②

鉄骨の華奢なささら桁と、歩行感のよい木材の段板を組み合わせるために、ささら桁の形状や納まりなどの工夫が必要とされる。

## 図 鉄骨ささら桁と木製段板の階段

### C段板詳細（S=1:8）
- ノンスリップ溝（通し）
- ササラ PL130×12
- 段板受
- 段板厚 36mm
- 段板受 PL18×30×6 溶接
- 穴φ5mm×3（皿もみ）
- 段板裏

### B梁取付部分正面（S=1:15）
- コーチスクリューM12
- ▲梁
- PL130×90×12
- クロス仕上げ

### A平面取付部分平面（S=1:10）
- コーチスクリューM12
- PL130×90×12
- フロア仕上げ

### B部分詳細（S=1:8）
- 穴φ5mm×3（皿もみ）
- 石膏ボード⑦12.5
- コーチ頭逃げ

### 断面図（S=1:30）
- コーチスクリューM12にて壁に固定（7箇所）
- 角頂点
- フロアー

# 7 ハーフユニットバス①

ユニットバスの防水性・清掃性と在来浴室の意匠性を両立できるハーフユニットバス。
壁や天井などの在来浴室の防湿・防水をうまく施工するのがポイントになる。

## 1 架台を事前に設置する

2階にユニットバスやハーフユニットバスを設置する場合は、吊架台を先に現場に入れてもらい、設置する。

**Check!**
- [ ] 架台はユニットバス搬入の2日前に入れてもらう

## 2 支持材の気密層貫通部の処理

吊り架台が外壁部と取り付く個所は、断熱・気密工事を先行して行う。

**Check!**
- [ ] ユニットバスの現場調査時に架台位置は墨出ししてもらう

## 3 石膏ボードを張る

断熱・防湿工事が終わったら石膏ボードを張り、ユニットバス設置前の準備完了。

**Check!**
- [ ] 架台設置までの過程を写真に撮っておく

## 4 透湿防水シート張り

ハーフユニットバスが設置完了後、壁や天井の石膏ボード下地の上から透湿・防水シートを張る。

**Check!**
- [ ] ユニットバスの縁の立ち上がり部分を覆うように透湿・防水シートが下ろされているか
- [ ] ユニットバスと透湿・防水シートの取り合いは両面テープで固定されているか

## 5 出入口下枠の勾配

出入口の枠を取り付ける。下枠はユニットバス側へ勾配をとる。

**Check!**
- [ ] 浴室の木部は水がたまらない、すぐ乾くようになっているか、確認しながら施工する

## 6 窓枠と板張りの隙間

水掛かり部分の板は目透かしとし、濡れても小口が乾燥するように施工する。

**Check!**
- [ ] 特に気になる部分は目透かしの上、シーリング処理とする

# 8 ハーフユニットバス②

外壁通気層のように仕上げのなかに浸入してきた水蒸気などを速やかに排出して、仕上げの乾燥を促すように納めているのが分かる。

## 図 ハーフユニットバス

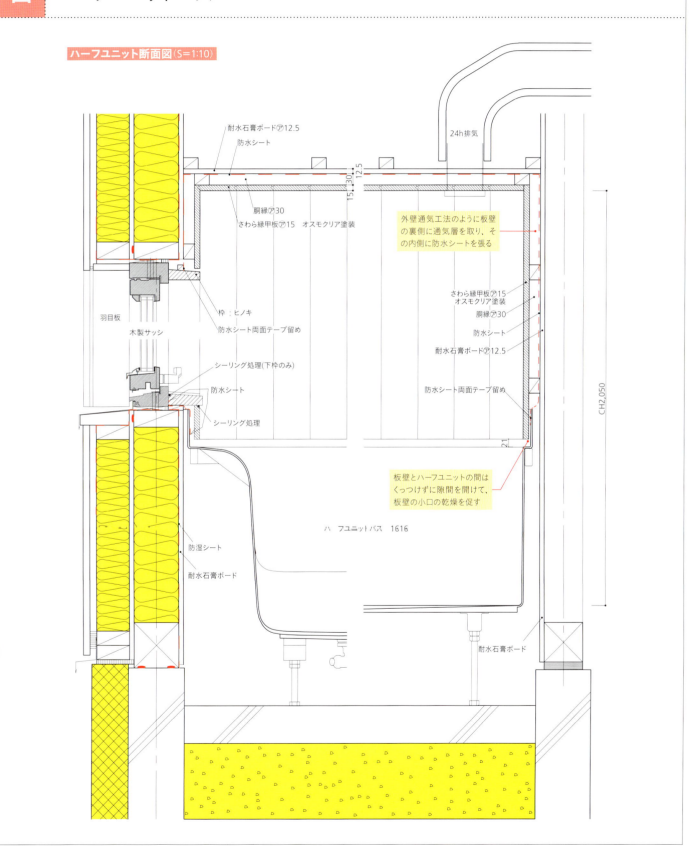

ハーフユニット断面図(S=1:10)

# 9 太陽熱集熱パネル

太陽の熱を屋根のパネルで集熱して、給湯などに利用する設備の施工例である。
太陽光発電同様に、屋根に架台を設置するため、防水処理をしっかりと行うのが重要になる。

## 1 架台の設置

集熱によい角度に架台を調整して設置する。なお、海外製の太陽熱集熱パネルを使用したためこの現場は既成架台に手を加えて制作した。

**Check!**
- □ 架台は安全性を重視して選んでいるか。架台は構造設計者に設計を頼むとよい

## 2 集熱パネル取り付け

シーリングとブチルテープで止水処理しながら、架台をビスで桟木部分に取り付ける。

**Check!**
- □ ビス頭のシーリングがすべて打たれているか
- □ ブチルテープで架台と屋根材が全面絶縁されるように張ってあるか

## 3 集熱パネル連結

架台の固定部分の確認が終わったら集熱パネルを連結する。

**Check!**
- □ 集熱パネルと架台との接続部分が設計図書通りか

## 4 集熱パネル設置完了

架台設置は過失に関わる重要な工程なので、工程写真を忘れずにとっておく。

**Check!**
- □ 設置位置の写真もスケールを当てて撮っておく

## 5 配管の設置

集熱パネルからタンクへ繋がる配管の施工を行う。

**Check!**
- □ 配管の保温材の施工、配管経路が適切か

## 6 貯湯タンクの設置

貯湯タンクを室内に設置する。

**Check!**
- □ 貯湯タンクの近くには膨張タンクもあり、配管も含めて込み入っているので、きれいに配管・配置できるように事前にレイアウトを決めておく

# 10 換気設備

1つの換気ユニットで家全体の換気を行う場合、ダクトを天井裏や壁内に通す必要が出てくる。空気がうまく流れるように施工前にダクト計画を十分検討することが大事になる。

## 1 ダクト配管の設置1

外周部の雨仕舞いが終わったら、ダクトの配管を設置する。

**Check!**
□ 曲がりが少なくなるような経路がとられているか

## 2 ダクト配管の設置2

バンドでしっかり固定しながら本体設置付近へダクトを施工する。

**Check!**
□ ダクトはバンドでしっかりと固定されているか

## 3 換気ユニットの設置

換気ユニットを給排気の点で一番効率のよい向きで取り付ける。

**Check!**
□ 事前に配管経路は決定しておく
□ 換気ユニットは夜間音が気にならない位置に設置する

## 4 換気ユニットを収納上に設置

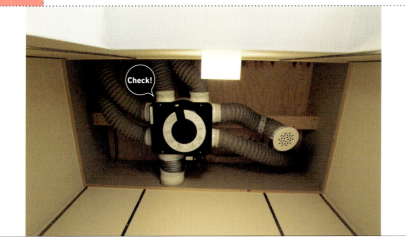

換気ユニットを収納上のスペースに設置する。収納上は、点検口を設置しなくてもよいし、開閉も容易なのでメンテナンスしやすい。

**Check!**
□ ダクトと本体接続口のテーピングが剥がれていないかをお引き渡し前にもう一度確認する

# エコハウス現場用語辞典

## 断熱・気密工法

### 充填断熱　じゅうてんだんねつ

繊維系断熱材またはボード系断熱材を、根太や間柱などの下地材の間にはめ込む工法（図1）。RC造の内断熱と区別するため、木造では充填断熱と呼ぶ。施工にあたっては、先張りシートを土台・胴差・軒桁に施工し、外壁の防湿気密シートと100mm以上重ねるなどして壁内側でしっかりと気密・防湿を行う。また、断熱材を充填する壁の上下には、壁内で気流が発生しないように気流止め（合板や木材で塞ぐ）を設ける必要がある。断熱材も寸法の大きいものを無理に押し込んだり、寸足らずで隙間ができることのない丁寧な施工も大事。一般に気密化施工や気流止めが難しいとされるが、ボード気密、剛床工法などを採用することで施工が簡単になった。

### 外張り断熱　そとばりだんねつ

構造体の外側を断熱・気密層で覆う工法（図1）。木造や軽量鉄骨造のように躯体の熱容量が小さい建築物で用いられる。RC造の外断熱と区別するため、木造・鉄骨造では外張り断熱と呼ばれる。施工費が高くなるが、外観形状が単純な建物では容易に気密・断熱施工ができる。また、躯体の外側に断熱材があるため、冬期の結露だけでなく、夏期の逆転結露も起こりにくい。ただし、発泡系の断熱材を用いる工法が多いため、施工時の火気の取り扱いには注意する必要がある。また、外張り断熱だけでは厚みのある断熱材を施工するのは難しく、エコハウスなどの超高断熱性能を求める場合は、外張り断熱と充填断熱と併用した付加断熱を行う必要がある。外壁材の種類によって乾式のサイディングなどを用いる工法と湿式の左官仕上げの工法があるが、適切なビスや専用のブラケットを使わないと、外壁のずり落ちなどのリスクがある。

### 基礎断熱　きそだんねつ

基礎立ち上がりの外側か内側または両側、そして耐圧版下などに断熱材を張り付けまたは敷設し断熱する方法。基礎立ち上がりの外側に張り付ける工法を基礎外断熱、内側に張り付ける工法を基礎内断熱という。結露の観点からすると前者、防蟻の観点では後者が望ましく、前者の場合は必ず防蟻対策がなされた断熱材を一体打ちする。また、基礎の耐圧版下全面または外周側に断熱材を施工することもあるが、予算や冬の地中温度などによって施工の有無が検討される。床下暖房やOMソーラーなどを導入する場合は基礎断熱が必須となる。

### 図1　充填断熱と外張り断熱

**充填断熱**

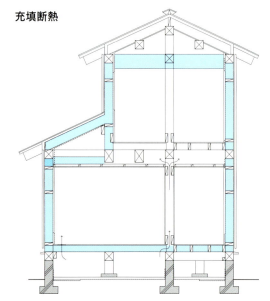

充填断熱は室内からの防湿、断熱材の周囲での気密、外からの防風、壁内については気流止めの処置が欠かせない

**外張り断熱**

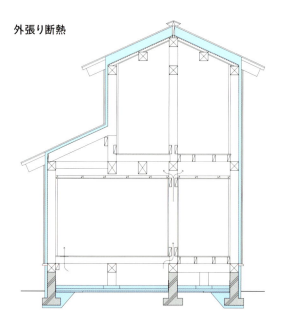

外張り断熱では、断熱材内側での気密、そして外壁材の垂れ下がりを防止するための施工が求められる

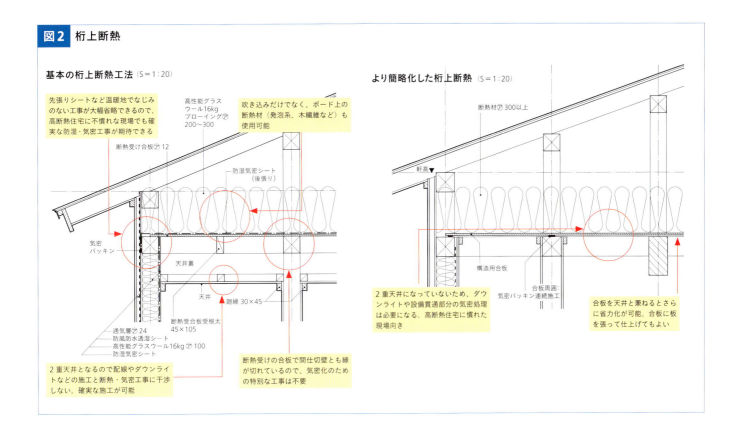

### 図2 桁上断熱

**基本の桁上断熱工法**（S＝1：20）

- 先張りシートなど温暖地でなじみのない工事が大幅省略できるので、高断熱住宅に不慣れな現場でも確実な防湿・気密工事が期待できる
- 高性能グラスウール16kgブローイング㋐200～300
- 断熱受け合板㋐12
- 防湿気密シート（後張り）
- 吹き込みだけでなく、ボード上の断熱材（発泡系、木繊維など）も使用可能
- 気密パッキン
- 天井裏
- 天井
- 廻縁 30×45
- 通気層㋐24
- 防風防水透湿シート
- 高性能グラスウール16kg㋐100
- 防湿気密シート
- 断熱受合板受根太 45×105
- 2重天井となるので配線やダウンライトなどの施工と断熱・気密工事に干渉しない。確実な施工が可能
- 断熱受けの合板で間仕切壁とも縁が切れているので、気密化のための特別な工事は不要

**より簡略化した桁上断熱**（S＝1：20）

- 断熱材㋐300以上
- 軒高
- 構造用合板
- 合板周囲：気密パッキン連続施工
- 2重天井になっていないため、ダウンライトや設備貫通部分の気密処理は必要になる。高断熱住宅に慣れた現場向き
- 合板を天井と兼ねるとさらに省力化が可能。合板に板を張って仕上げてもよい

---

#### 天井断熱　てんじょうだんねつ

天井のラインで断熱を施工する工法。天井下地の上（裏側）に防湿気密シートを張り、その上に断熱材を設置する。通常の天井下地では柱などが防湿気密シートを貫通するため、貫通部の防湿・気密処理に手間がかかる。また、換気システム用ダクトなどが非断熱ゾーンにある場合が多く、ダクトおよび本体を断熱材でカバーしないとダクト内で結露を生じてしまうので注意が必要。ダウンライトなど天井埋込み型の照明器具廻りの断熱・気密層を確保することも忘れないようにする。

#### 屋根断熱　やねだんねつ

垂木などの間に断熱材を充填する工法。充填した断熱材の外側（上部）には通気層を設ける。換気用ダクト・照明器具・電気配線などが自由にできるが、気積が大きくなるため家全体の熱損失を考えながら計画する必要がある。勾配天井や小屋裏収納をつくれるため採用例が増えているが、基本的には垂木のせいの寸法しか断熱材を充填できないため、屋根の断熱材の厚みを出すには納まり上の工夫が必要だ。

#### 桁上断熱　けたうえだんねつ

桁の上端に気密・防湿層を設け、その上に断熱する工法（図2）。桁上断熱は、断熱厚を容易に増やせる、屋根の形状に左右されずに施工できるといった天井断熱の長所をそのままに、天井断熱の欠点であった先張りシートや気流止めなどの施工や、配線・配管、吊木などによる防湿・気密シートの補修などの手間を減らすことができる。

#### 付加断熱　ふかだんねつ

充填断熱の内側や外側に断熱補強のために断熱材を施工する工法（図3）。日本では外側に断熱材を付加するのが一般的。寒冷地以外ではあまり見られない工法であったが、エコハウスなど超高断熱住宅への関心の高まりから、温暖地の事例も増えてきている。グラスウールなどの繊維系断熱材であれば井形上に胴縁を回してその隙間に断熱材を充填する。発泡断熱材であれば同様の胴縁下地のほか、通常の外張り断熱の施工法でも対応可能だ。内外で異なる断熱材を組み合わせる場合は、各断熱材の透湿抵抗の差に注意し、結露計算を行って厳密に設計する必要がある。

#### 打込み工法　うちこみこうほう

ボード状断熱材を型枠にしてコンクリート打込み後も撤去せずにそのまま使用する工法。木造住宅では基礎断熱で採用される。

#### 吹込み工法　ふきこみこうほう

壁や天井、屋根などに断熱材を吹込む工法。粒状のグラスウールや、セルロースファイバーなどが主に使われる。マット状やボード状の断熱材に比べ狭い場所や複雑な形状の場所などに隙間なく施工することができ、施工精度のばらつきも少ない。また、天井・桁上断熱であれば厚みも容易に出すことができる。

#### 吹付け工法　ふきつけこうほう

現場発泡断熱材や湿式のセルロースファイバーなどの断熱材を壁面などに吹き付ける工法（写真1）。施工が容易なため、木造住宅に限らずRC造などにも幅広く使用される。ウレタン系の発泡断熱材の場合、引火性があるため、施工中の火災防止には十分注意が必要。なお、ウ

**写真1** 壁に施工した現場発泡ウレタンによる吹付け断熱

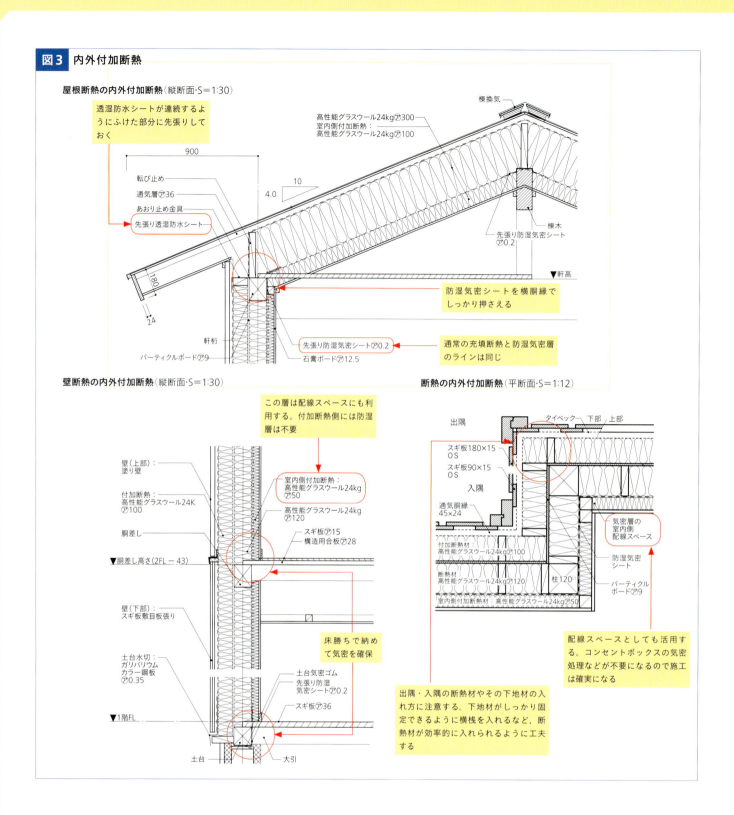

図3 内外付加断熱

レタン系の発泡率の高い100倍発泡の断熱材が近年急激に普及しており、なかには透湿性があることを売りにしている製品もあるが、基本的には防湿層が必要であり、防湿気密シートの設置や透湿抵抗の低い外壁下地の使用など内部結露の対策もしっかりと考えておきたい。

### シート気密 シートきみつ

床、壁、天井（桁上・屋根）断熱などで断熱層の内側の防湿・気密層に防湿気密シート（ポリエチレンフィルムなど）を隙間なく施工することで気密を取る方法。基本的には石膏ボード、合板などの内装下地材の施工の前にポリエチレンフィルムを張る。一部、部材の納まりによっては事前に防湿・気密シートを施工する（先張り）ことや、部材が貫通する場所などはその取り合いを気密テープで塞ぐなどの細かい作業が要求される。

### ボード気密 ボードきみつ

断熱材の外側に合板を張り、気密を確保する工法。合板気密とも呼ばれる。外壁や床、屋根の構造用面材を柱や横架材、垂木などに打ち付け、気密層を連続させる。合板と柱や横架材などとの接地面に気密材（気密パッキン）を張ったり、合板と柱や横架材、合板と合板の隙間などの気密テープを張ることで、より高い気密性能を確保できる。

### 気流止め きりゅうどめ

外壁や間仕切壁内部の熱を逃がさないようにすること（図4）。在来構法では、外壁内部・間仕切壁内部と、床下から小

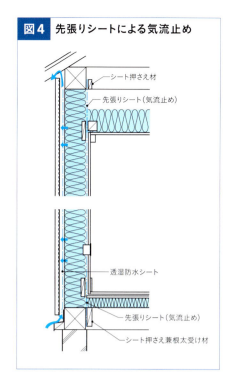

図4 先張りシートによる気流止め

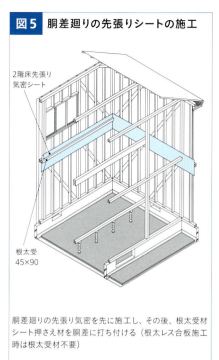

図5 胴差廻りの先張りシートの施工

胴差廻りの先張り気密を先に施工し、その後、根太受材シート押さえ材を胴差に打ち付ける（根太レス合板施工時は根太受材不要）

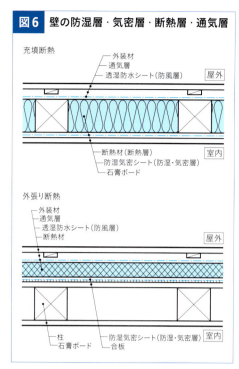

図6 壁の防湿層・気密層・断熱層・通気層

屋裏までが連続した空間になっており、冷気が侵入し、それによって室内の熱が逃げていく構造であった。そのため、気流が生じないように、壁と床まで、間仕切壁と床壁と天井などの取合い部分に気流止めを設け、空間的に独立させる。屋根断熱や基礎断熱、根太レス工法を採用した最近の工法であれば、気流止めが自動的に確保できる場合もある。

### 先張りシート さきばりシート

防湿・気密層において、施工手順や納まりにより通常の防湿気密シートを施工する前に、前もって施工を行う防湿気密シートのこと。主に外壁に対して床組や壁が取り付く場所などで先張りシートが施工される。ボード気密の普及によって、気密層と防湿層が分けられるようになると、防湿層の厳密な施工が必要とされなくなり、先張りシートの重要性は低くなってきている。

### 気密測定 きみつそくてい

主に住宅用途の建物および建物の部位における気密性能を試験する方法。送風機を用いて建物内外に圧力差を生じさせて測定。相当隙間面積（C値）はこの気密測定によって求められる。気密試験には、室内を加圧する方法と減圧する方法があり、それぞれ加圧法・減圧法と呼ばれる。日本では減圧法の機器がほとんどである。気密測定を行うだけで、現場の職人の施工精度が上がることもポイントである。

### 防湿層 ぼうしつそう

透湿抵抗が小さい繊維系断熱材の室内側に設けた場合に、室内の水蒸気が断熱材内部に浸入するのを防止する層（図6）。ポリエチレンフィルムなどが用いられる。外側に透湿抵抗の低い材料を使った場合、ボード気密などで気密層が外側に設けられた場合、吸放湿性の高い断熱材の場合、温暖地などでは、防湿層がなくてもよいもしくは精度の高い防湿層が要求されないこともある。

### 気密層 きみつそう

気密材で建物全体の気密性能を保つ層（図6）。一般的には、防湿層と気密層は同一材料の場合が多い。最近では現場発泡断熱の普及により、断熱材自体を気密層とする現場も増えているが、100倍発泡の現場発泡断熱材では防湿効果は期待できず、30倍発泡品でも完全とはいい難いので、別途気密層を設けるのが望ましい。最近はボード気密の普及で、施工が容易になりつつある。

### 防風層 ぼうふうそう

繊維系断熱材を風から保護する層。防風層がないと風が通気層から繊維系断熱材のなかに入り込み、断熱性能が低下してしまう。一般的に断熱材の外側に設けられ、透湿防水シートがその役割を兼ねることが多い。外張り断熱などでプラスチック系断熱材を使用する場合、防風層は必要ないが、断熱材外側に透湿防水シートなどを張り付けるので実質的な納まりは変わらない。

### 通気層 つうきそう

外壁通気層、屋根通気などの総称で、断熱材や構造材の乾燥を保つために外壁材や屋根材の内側に空気を通す層（図6）。18mm以上が理想とされている。室内から透過して壁や屋根内に溜まった水蒸気や、雨など外壁材や屋根材を越えて浸入してきた水を排出し、部材の腐食やカビなどの発生を抑制する効果があり、外部の仕上げ材の種類を問わず必須である。通気胴縁・通気垂木と呼ばれる外壁材や屋根材の下地材によって通気層が確保されるほか、市販の専用部材も存在する。

### 断熱補強 だんねつほきょう

構造躯体を金物が貫通したりするなど、ほかの部材よりも熱伝導率が高い部材が使われている場合、その部材周辺で結露が発生することがある。したがって、熱伝導率が高い部材などは、外部、内部に露出した部分を中心に、現場発泡ウレタンなどで断熱補強を行う。

## 単位

### 熱損失係数（Q値）
ねつそんしつけいすう（きゅーち）

室内の空気と外気の温度差が1℃のとき、建物全体の1時間当たりの熱貫流量（建物から失われる熱量）を延床面積で除した数値。建築物全体の断熱性能を示し、値が小さいほど建物の断熱性能がよい。単位はW／㎡・K。面積が大きく、外見形状がシンプルなほど有利で、面積が小さく外見形状が複雑なほど悪い結果が出るという特性をもっている。また、$U_A$値とは異なり、換気による熱損失が含まれている。

### 外皮平均熱貫流率（$U_A$値）
がいひへいきんねつかんりゅうりつ（ゆーえーち）

室内と外気の空気温度差が1℃のとき、建物内部から建物外部へ逃げる1時間当たりの熱量を外皮（外壁・床・天井・屋根など）表面積の合計で除した数値。改正省エネ法施行以後、Q値に代わる指標とされる。値が小さいほど建物の断熱性能はよい。単位はW／㎡・K。面積や外見形状により大きく左右されるQ値の特性がかなり是正されている。一方でQ値とは異なり、換気による熱損失が含まれない。

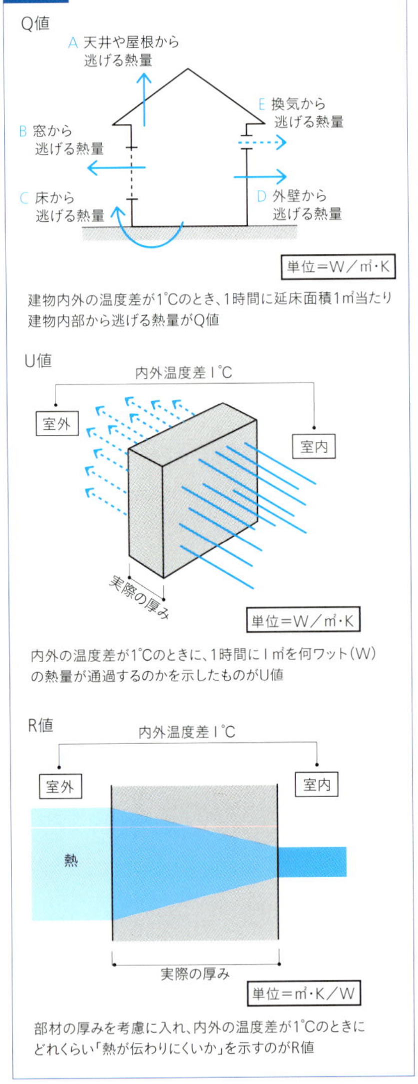

### 外皮平均日射熱取得率（η値）
がいひへいきんにっしゃねつしゅとくりつ（いーたち）

単位日照強度当たりの日射により建物内部で取得する熱量を冷房期間で平均し、外皮表面積の合計で除した数値。従来の夏期日射取得係数（μ値）に代わる指標とされる。

### 熱抵抗（R値）ねつていこう（あーるち）

熱の伝わりにくさを示す定数。単位面積を通過する熱量はその両面の温度差に比例し、熱抵抗に反比例する。単一の物質からなる平板では、その厚さd（m）と熱伝導率λ（らむだ）からR＝d／λによって求められる。単位は㎡・K／Wである。

### 相当隙間面積（C値）
そうとうすきまめんせき（しーち）

気密性能を表す数値。次世代省エネ基準ではⅠ・Ⅱ地域で2㎠／㎡以下、Ⅲ～Ⅴ地域では5㎠／㎡以下という基準があったが、現在の省エネ基準では廃止された。4㎠／㎡程度では、風圧によって換気がしっかりと行われない可能性が高く、室内温熱環境が悪化するおそれがある。本州でも相当隙間面積が最低でも2㎠／㎡以下、できれば1㎠／㎡以下とすることが望ましい。

### 熱伝導率 ねつでんどうりつ

物体固有の熱の伝わりやすさを示す係数。値が小さいほど断熱性能がよい。単位はW／㎡・K。物体の両側に1℃の温度差があるとき、1m厚の材料のなかを1時間当たりどのくらいの熱量が通過するかを表している。建材の断熱性能を比較するときに最も多く使われる指標である。

### 熱貫流率（U値）ねつかんりゅうりつ（ゆーち）

室温と外気の空気温度差が1℃のとき、面積1㎡当たり、1秒間に伝わる熱量。値が小さいほど、熱が伝わりにくく、断熱性能が高い。

### 透湿抵抗 とうしつていこう

水蒸気の通りにくさをいい、透湿係数が小さいほど透湿抵抗が大きい。外張り断熱には透湿抵抗の大きい断熱材が適している。単位はμ・s・Pa／ngがJISで定められているが、ほかにμ・h・mmHg／g、μ・S・Pa／μg、μ・S・MPa／gu・S・kPa／gなどカタログによって単位表記が多数あるので、換算を間違えないように注意する必要がある。

### 透湿係数 とうしつけいすう

各材料が実際に使用される厚さでの水蒸気通過量を示す。水蒸気量は材料の両側の水蒸気圧が1oHgのとき、単位面積1㎡当たり1時間に通過する量を表す。透湿抵抗の逆数であるが、透湿抵抗のほうがよく使われる。透湿抵抗と同様、単位表記が多数あるので注意が必要。

## 制度・法律

### 省エネ法 しょうエネほう

第2次オイルショックを受けて設けられた省エネルギーに関する法律。建築分野では、大規模建築物に対象が限定されたが、翌年の1980年（昭和55年）の旧省エネ基準で住宅にも断熱性能に関する基準が設けられた。1998年の改正後に次世代省エネ基準などが施行された。

### 旧省エネ基準 きゅうしょうエネきじゅん

1980年（昭和55年）に施工された住宅における最初の省エネ基準。壁に断熱材を入れることが明記されるなど、住宅業界全体が住宅の断熱について考える契機となった。住宅性能表示制度の断熱性能等級2に当たる。

### 新省エネ基準 しんしょうエネきじゅん

1992年（平成4年）に改正された省エネ基準。平成4年基準ともいう。昭和55年基準よりは全体的に断熱性能は上がったものの、気密・防湿処理が明記されていないため、体感は昭和55年基準と大差ない。住宅性能表示制度の断熱

**図7 Q値・U値・R値の考え方**

Q値
- A 天井や屋根から逃げる熱量
- B 窓から逃げる熱量
- C 床から逃げる熱量
- D 外壁から逃げる熱量
- E 換気から逃げる熱量

単位＝W／㎡・K

建物内外の温度差が1℃のとき、1時間に延床面積1㎡当たり建物内部から逃げる熱量がQ値

U値
内外温度差1℃
室外／室内
実際の厚み
単位＝W／㎡・K

内外の温度差が1℃のときに、1時間に1㎡を何ワット（W）の熱量が通過するのかを示したものがU値

R値
内外温度差1℃
室外／室内
熱
実際の厚み
単位＝㎡・K／W

部材の厚みを考慮に入れ、内外の温度差が1℃のときにどれくらい「熱が伝わりにくいか」を示すのがR値

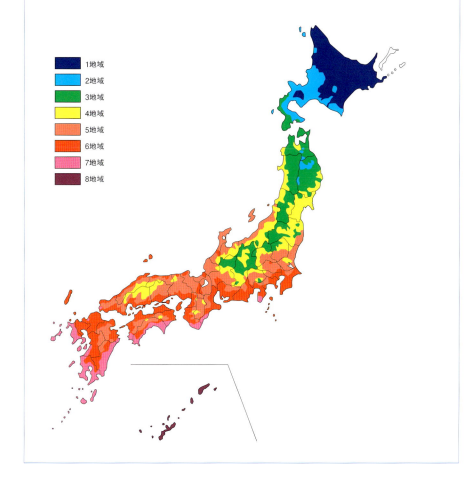

**図8 現行省エネ基準の地域区分**

次世代省エネ基準によってⅠ～Ⅵの6地域に分類されたが、平成25年省エネ基準よりⅠ地域とⅣ地域を2つに細分化し、1～8の8地域区分となっている。

- 1地域
- 2地域
- 3地域
- 4地域
- 5地域
- 6地域
- 7地域
- 8地域

性能等級3に当たる。

### 次世代省エネ基準
じせだいしょうエネきじゅん

正式名称は「住宅に係るエネルギーの使用の合理化に関する建築主の判断基準」。平成11年（1999年）の施行から15年以上が経過しており、正確には「平成11年基準」と呼ぶべきだが、いまだに「次世代省エネ基準」という呼称が一般的。平成25年（2013年）の改正省エネ基準（平成25年基準）まで長く使用され、同基準からQ値からU$_A$値への変更、地域区分変更などが行われたが（図8）、省エネ基準の性能レベルは大きくは変わっておらず、現行基準（平成28年省エネ基準）も実質的には次世代省エネ基準同等と考えてよい。

### 住宅性能表示制度
じゅうたくせいのうひょうじせいど

耐震、断熱など主に10の項目に基づき住宅の性能を表示したもの。平成11年（1999年）施行の「住宅の品質確保の促進等に関する法律（品確法）」によって制度化された。長期優良住宅などを認定住宅や、住宅ローン・保険の優遇などの基準としても使われている。現行省エネ基準は住宅性能表示制度の断熱等級4に当たる。

### 長期優良住宅
ちょうきゆうりょうじゅうたく

平成21年に施行された「長期優良住宅の普及の促進に関する法律」によって定められた住宅のこと。認定を取得することで、税制面での優遇などを受けることができる。認定には、住宅性能表示制度によって定められた各性能項目の基準を満たす必要があり、断熱性能においては等級4を取得する必要がある。

### ZEH ぜっち

Net Zero Energy House（ネット・ゼロ・エネルギー・ハウス）の略。住宅の断熱性・省エネ性能の向上と太陽光発電などによる創エネにより、年間の一次消費エネルギー量の収支をプラスマイナス「ゼロ」にすることを目的とする。ZEHの仕様をクリアすることで補助金を得ることが可能。

## 断熱材

### グラスウール

ガラスを溶融繊維状にした断熱材。日本で最も普及しており、目的に応じてさまざまな種類の製品がある。高断熱住宅では、繊維の太さを細くして空気保有率を高めた高性能グラスウールが主流（写真2）。「16kg／m$^2$より32kg／m$^2$のほうが断熱性能は高い」といった具合に、密度に応じて断熱性が異なる。設計・施工に問題がなければ、最も費用対効果の高い断熱材である。不燃材料でもあるため、耐火被覆などにも利用されるほか、吸音効果もあるため防音室などにも利用される。

### ロックウール

ケイ酸を多く含んだ鉱物からつくられる断熱材。用途は似ているものの、アスベストとは製法が異なり、無害。密度が高く、断熱性能はグラスウール16kgと同等で、耐火性も高い（鉄骨の耐火被覆などに用いられる）。グラスウールと同等のコストパフォーマンスを誇るが、シェアはグラスウールに比べると圧倒的に小さいが、欧米ではグラスウールよりシェアが大きい。圧縮が利かず、現場搬入時にかさばることもその一因である。グラスウール同様吸音効果もある。

### セルロースファイバー

木質繊維のパルプでつくられた断熱材。主に古紙などのリサイクル素材を原料としたバラ綿状で、断熱性能はほかの繊維系断熱材と同程度である。天然木質繊維なので、吸放湿性をもち、内部結露を抑制することができるため、温暖地では内部結露の心配はないとされている。

### 羊毛断熱材 ようもうだんねつざい

羊毛を原料とする断熱材。羊の毛とレンコン状の4穴中空構造をもつポリエステル繊維を編みこみ、ロール状に成形した製品がある。繊維系断熱材同様に吸音

効果がある。虫がつく心配があるため、安全な防虫剤などが使用されている。

### 木質繊維ボード断熱材
もくしつせんいボードだんねつざい

木質繊維を成型した断熱材（写真3）。日本ではまだ流通量は少ないが、ドイツやスイスでは広く認知されており、将来のエコ断熱材の主流になると期待されている。グラスウールの約10倍の重量があるため熱容量が大きく、蓄熱層としての役割も果たす。密度の低いものと高いものがあり、密度が低いもののほうが断熱性が高い。ヨーロッパからの輸入品はかなり高価だが、近年では「ウッドファイバー」など国産材を使用した、比較的安価で環境負荷の小さい製品もある。

### ビーズ法ポリスチレンフォーム
ビーズほうポリスチレンフォーム

ポリスチレンビーズを蒸気で加熱し、発泡・成形した断熱材。いわゆる発泡スチロールである。EPSとも呼ばれ、湿式仕上げの外断熱工法によく使われる。柔らかく緩衝特性が高く粘り強い。ボード系断熱材のなかでは比較的環境負荷が小さいため、ヨーロッパのボード系断熱材では主流となっている。

### 押出し法ポリスチレンフォーム
おしだしほうポリスチレンフォーム

ポリスチレンに発泡剤や添加剤を溶融合し、押出し成形で板状に発泡させた断熱材。気泡が細かく、断熱性、耐圧性、耐候性に優れ、透湿抵抗が大きい。そのほか、形状維持性が高いのでコンクリート打込み工法に対応できる。また、材料自体の保水性が低いという特徴がある。製品としては、「カネライトフォーム」（カネカ）、「スタイロフォーム」（ダウ工）、「ミラフォーム」（JSP）など。

### 硬質ウレタンフォーム
こうしつウレタンフォーム

ポリイソシアネートおよびポリオールを液体原料より直接重合、同時に成形したもの。製品では「アキレスボード」（アキレス）など。一般的に熱伝導率は0・021W／m・K程度で、フェノールフォームに次ぐ断熱性能をもつ。現在は熱伝導率0・019W／m・Kの「キューワンボード」（アキレス）という高性能な商品も発売されている。

写真2　高性能グラスウールの製品

写真4　気密パッキン

写真6　気密テープ

### フェノールフォーム

独立発泡樹脂系のフェノール樹脂断熱材を炭化水素（HC）で発泡・成形したもの。製品は「ネオマフォーム」（旭化成建材）、「フェノバボード」（積水化学工業）など。断熱性能は最も高く、熱伝導率は0.019〜0.020W／m・K程度。また難燃性もあり、経年変化も少ないが、高価である、透湿抵抗がやや低い、へこむと復元しにくい、といったデメリットもある。また、濡れると酸性を示す製品もあるので、釘などの鉄部品で留めつける場合は注意が必要。

### 現場発泡ウレタン　げんばはっぽうウレタン

液体のウレタンフォームを現場で発泡させて吹き付けて断熱層をつくる。施工が容易なため、木造住宅に限らずRC造などにも利用されている。断熱工事とともに気密工事も簡単にできるとされているが、気密層を別にしっかりととっておくことが好ましい。はみ出した分の断熱材の

写真3　木質繊維ボードの製品

写真5　基礎天端に施工する気密パッキン

写真7　気密コンセントボックスカバー

削り取りが容易、躯体の動きに追従しやすいといった理由から、木造で使用する場合は100倍発泡などの高倍率発泡タイプがよく使われる。

### その他部材

### 防湿気密シート　ぼうしつきみつシート

一般的な在来木造住宅ではポリエチレンフィルムが使用される。破れにくい0.2mm厚のポリエチレンフィルムの使用が望ましい。断熱材と内装下地の間に納めるのが一般的。

### 透湿防水シート　とうしつぼうすいシート

断熱材の外側に張り、湿気を通過させるシート。「タイベック®」の製品名で呼ばれることも多い。水は通さないが、湿気は通す性質をもつ。壁内の湿気を積極的に屋外に排出し、壁内の結露を防ぐ

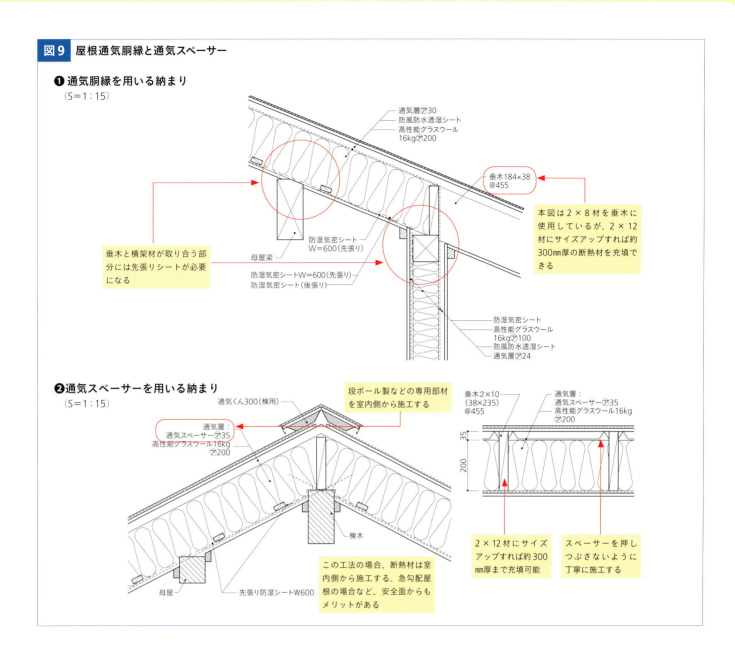

**図9** 屋根通気胴縁と通気スペーサー
❶ 通気胴縁を用いる納まり (S=1:15)
❷ 通気スペーサーを用いる納まり (S=1:15)

が、気密性や防音性はない。不織布の繊維の隙間やフィルム微多孔を通して、粒子の小さい湿気は通し、粒子の大きい雨は遮断する。

### 気密パッキン きみつパッキン
外部に面する部位などで異なる部材同士を接続させた際の隙間を埋めるためのパッキン（写真4・5）。基礎と土台の隙間、外壁とサッシの隙間、合板と柱、梁との隙間などに使われ、それぞれ専用の部材が製品化されている。

### 気密テープ きみつパッキン
異なる部材同士を接続させた際の隙間を埋めるためのテープ（写真6）。通常のテープのもののほかに、複雑な形状に追従するように伸び縮みする製品もある。サッシと外壁の隙間や、外壁を貫通する部材と外壁との隙間などに施工される。

### 気密コンセントボックスカバー きみつコンセントボックスカバー
気密層を内装下地で取る場合、コンセントボックスが気密層を貫通するため、気密処理を行う必要がある。ただし、コンセントボックスからは電気配線が接続されるなど複雑な気密処理が必要になるため、専用の気密部材が製品化されている（写真7）。

### 通気胴縁 つうきどうぶち
外壁通気層や屋根通気層を確保するために設置される胴縁。外壁材の張り方によって、縦胴縁、横胴縁が選択されるが、横胴縁の場合、上下の通気が妨げられないように、胴縁同士の隙間を適宜設ける必要がある。

### 通気スペーサー つうきスペーサー
屋根通気のための専用部材。主に野地板の裏側に設置され、垂木間の断熱材と野地板の間に設置することで、屋根通気の空間を確保する（図9）。屋根通気は屋根面の熱や屋根躯体内の水蒸気の排出、野地板の乾燥を促す。ダンボール製やポリエステル不織布製の製品がある。

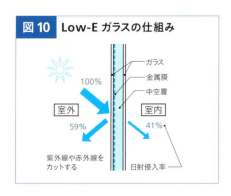

**図10** Low-Eガラスの仕組み

写真8 樹脂サッシの断面

写真9 アルミ樹脂複合サッシの断面

写真10 木製サッシの断面

写真11 断熱ブラインド

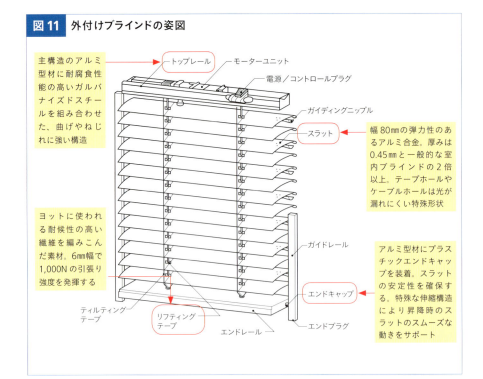

**図11** 外付けブラインドの姿図

主構造のアルミ型材に耐腐食性能の高いガルバナイズドスチールを組み合わせた、曲げやねじれに強い構造 → トップレール、モーターユニット、電源／コントロールプラグ、ガイディングニップル

幅80mmの弾力性のあるアルミ合金。厚みは0.45mmと一般的な室内ブラインドの2倍以上。テープホールやケーブルホールは光が漏れにくい特殊形状 → スラット

ヨットに使われる耐候性の高い繊維を編みこんだ素材。6mm幅で1,000Nの引張り強度を発揮する

アルミ型材にプラスチックエンドキャップを装着。スラットの安定性を確保する。特殊な伸縮構造により昇降時のスラットのスムーズな動きをサポート → エンドキャップ

ティルティングテープ、リフティングテープ、エンドレール、ガイドレール、エンドプラグ

## 窓部材

### 樹脂サッシ　じゅしサッシ

樹脂製のサッシのこと（写真7）。PVCともいわれる。アルミ製のサッシに比べて断熱性能が高く、国内の大手メーカーの高性能サッシは樹脂サッシであることが多い。剛性がそれほど高くないため、大型のサッシは得意ではない。

### アルミ樹脂複合サッシ　アルミじゅしふくごうサッシ

樹脂サッシは断熱性能が高いものの、耐候性や強度の面でアルミサッシに劣る点がある。したがって、芯材に樹脂を使い、アルミ材を外側に使ったアルミ樹脂複合サッシがつくられている（写真8）。

### 木製サッシ　もくせいサッシ

木でつくられたサッシ（写真9）。樹脂サッシ同様に断熱性能が高いものの、耐候性などの面ではアルミサッシなどに劣る。国内外で数多くのメーカーにより製造・販売されているが、サッシのなかでもかなり高価な部類に入る。

### トリプルガラス

3枚のガラスで構成されるガラス製品。2枚のガラスで構成されるペアガラスよりも断熱性能に優れるため、超高性能住宅で窓の面積をある程度取りたい場合などは、トリプルガラスが選択されることが増えてきている。

### Low-E　ろういー

Low Emissivity（低放射）の略で、酸化スズや銀などの特殊金属膜をガラス表面にコーティングしたもの（図10）。Low-E膜が遠赤外線の反射率を高め、それによってガラスの熱伝達を低減し、高断熱性能を実現させる。ガラスの室内側に設置することで断熱性がより向上し、ガラスの室外側に設置することで日射遮蔽がより強化される。

### アルゴンガス

大気中に存在する希ガスの一つで、元素記号「Ar」でも表される。空気より熱伝導率が低いため、ペアガラスなどの中間層（板ガラスと板ガラスの間にある空気層）に充填され、ガラスの断熱性能向上に寄与する。クリプトンガス（Kr）も同様の理由で、中間層に充填される。

### 断熱ブラインド　だんねつブラインド

断熱性能をもつブラインドのこと。主に室内の熱が窓から外に逃げるのを抑えるために使われる。日本では、ポリエステルの不織布で、空気の層をつくるためのハニカム（蜂の巣）構造を持たせた製品が販売されている。

### 外付けブラインド　そとづけブラインド

窓の外側に設置されたブラインドのこと（図11）。羽根の角度が調整できるため、日射を遮りながら、眺望・通風・採光を確保することができる。特に太陽高度が低い西日などの日射を遮るには、外付けブラインドが最良の選択になる。

## 換気設備

### 気積 きせき
空間の大きさのこと。一般的には床面積×高さで表す。換気設計を行ううえで基本となる指標である。

### 圧損 あっそん
圧力損失の略で、空気などが機械換気設備などを通過する際のエネルギー損失を指す。換気設備でダクトなどを使って計画換気を行う際に、ダクト内の形状（曲がり）などによって圧力損失を受けることが多い。

### チャンバー
屋外の空気や室内の空気を空調機と接続して混合する際や、空調機を経た空気を各部屋に送るためにダクトを分岐させる際に設ける空気の部屋のこと（図12）。消音効果をもたせたものもある。

### ダクト
空調や換気を行うために、送風機から部屋まで空気を流す道。形状は角型と丸型、材質には亜鉛めっき鉄板、ガルバリウム鋼板、塩ビなどがある（図12）。必要に応じて断熱材を巻くこともある。

### ファン
羽根をモーターで回転させて空気を移動させるための装置。主に遠心ファンと軸流ファンがある。ダクトに接続する場合には回転方向に対して幅の狭い前向きの羽根が取り付けられたシロッコファンを、静圧は必要としないが大風量が必要な場合にはプロペラファンを用いる。

### パイプファン
小型のファンをもつ換気扇で、主に外壁などに向けて開けられた貫通穴に合わせて設置されている。トイレや洗面室・浴室などに設置されている換気扇はパイプファンであることが多い。

### 換気回数 かんきかいすう
1時間当たりの換気量を部屋の容積で割ったもので、部屋の換気度合いを示す指数。建築基準法では居室の用途や天井高によって必要な換気回数が定められている。

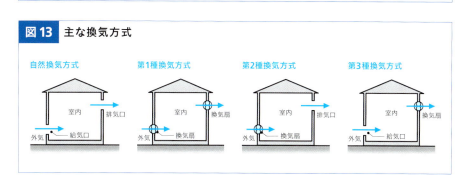

図12 チャンバーとダクト

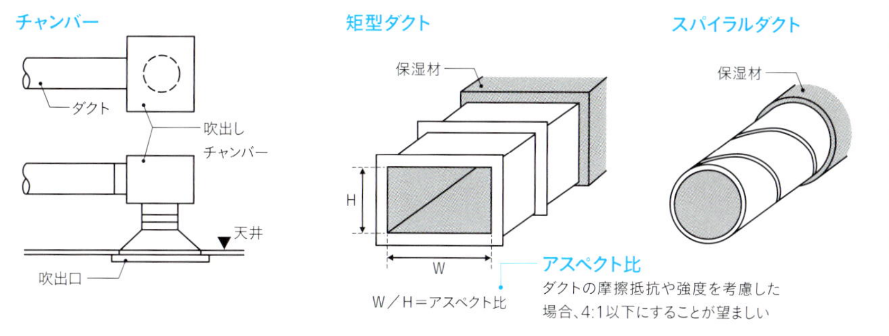

図13 主な換気方式

### 機械換気 きかいかんき
給気や排気に機械（ファン）による動力を用いる換気方式。24時間換気のような全般換気と、浴室や便所、厨房などの局所換気の双方に用いられる。給気ファンと排気ファンの組み合わせで3種類に区分される（図13）。

### 自然換気 しぜんかんき
ファンによる動力を用いない換気方式（図13）。パッシブ換気ともいう。外気の風力で換気する風力換気と、室内外の温度差で換気する重力換気がある。外気条件に左右されるため、一定換気量の安定的な確保が難しい。

### 熱交換換気 ねつこうかんかんき
住宅は換気することで、空気と一緒に熱も外に排出するが、断熱性能を向上させるに当たっては、この熱の損失は性能面の大きなマイナスになる。そのため、機械換気で換気を行う際に、空気を排出するとき熱だけは回収し、外から取り入れた空気に加熱する設備が開発された（図14）。

### 全熱交換器 ぜんねつこうかんき
換気して室内の空気を取り入れる際に、屋外へ排気しようとする空気がもっている熱と水蒸気を給気する空気に戻す機

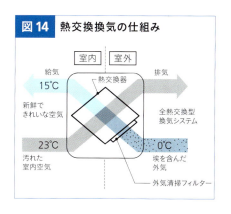

図14 熱交換換気の仕組み

器。換気による熱ロスが減少するため、省エネ効果があるうえに、建物内の乾燥を防ぐことができる。

### 顕熱交換器 けんねつこうかんき
換気して室内の空気を取り入れる際に、屋外へ排気しようとする空気がもっている熱を回収し、給気する空気に戻す機器（図14）。全熱交換機のように水蒸気を回収しないため室内は乾燥傾向になるが、匂いなどの回収がないため室内の清浄性は保たれる。

### 第1種換気方式 だいいっしゅかんきほうしき
給気と排気の両方にファンを用いるため、室内圧力を任意に調整できる換気方式（図13）。大規模な建物で用いることが多い。汚染物質の室内への流入を防ぐため、高い清浄度が必要な手術室などにも適用される。

### 第2種換気方式 だいにしゅかんきほうしき
給気のみにファンを用いて排気は自然排気とする換気方式（図13）。室内が室外よりも正圧となり、確実に酸素の供給が確保されるため、ボイラー室や地下階居室の換気に適用される。

### 第3種換気方式 だいさんしゅかんきほうしき
排気のみにファンを用いて給気は自然給気とする換気方式（図13）。室内が室外よりも負圧となり、汚染物質の室外への流出を防ぐことができるため、トイレや浴室などの汚染物質（水蒸気や臭いなど）が発生する場所に適用される。

### 24時間換気 にじゅうよじかんかんき
建築基準法ではシックハウス対策として、住宅の居室に1時間当たり換気回数0.5回以上（住宅以外の居室は0.3回以上）の容量をもつ機械換気設備の設置を義務づけている。24時間連続運転を前提としており、24時間換気と呼ばれる。

## 冷暖房設備

### 暖房負荷 だんぼうふか
暖房時期に室温を任意の設定温度に維持するために必要な暖房エネルギーの積算量。1日の暖房負荷を全暖房期間にわたって積算することで求める。暖房デグリーデーと比例関係にある。省エネとなる建物の建築を目指すうえでは最も重要な指標の1つである。快適性を保ったまま暖房負荷を小さくするには、Q値を小さくすることと、日射取得熱を大量に得ることが特に重要となる。冷房負荷とは異なりQ値の改善効果が現れやすい。

### 冷房負荷 れいぼうふか
冷房時期に室温を任意の設定温度に維持するために必要な冷房エネルギーの積算量。1日の冷房負荷を全冷房期間にわたって積算することで求める。6地域で省エネ基準相当の建物の場合、暖房負荷の1／5程度となる。暖房負荷とは異なり、Q値が改善するほど冷房負荷は増えてしまうが、その増加幅は暖房負荷の低減量に比べると格段に小さくて済む（Q値が5から1に改善した場合、暖房負荷は1／6にまで激減するのに対し、冷房負荷は1.2倍しか上昇しない）。

### 自然温度差 しぜんおんどさ
内部取得熱（日射取得熱と室内発生熱）÷総熱損失係数（内外温度差1℃時にその住宅全体から逃げる熱量）で得られる値。その住宅の温度そのものを表す。暖房負荷と同様に省エネ化と快適性を両立させるうえで重要な指標で、Q値と日射取得量に大きく左右される。

### 一次エネルギー いちじエネルギー
自然界に存在するままのかたちでエネルギー源として利用されているもの。石油・石炭・天然ガスなどの化石燃料のほか、ウラン、水力・太陽・地熱などがこれに当たる。平成25年省エネ基準で一次エネルギー消費量の計算が明記されたため、住宅業界でも重視される数値となった。なお、電気・ガソリン・都市ガスなど、一次エネルギーを変換・加工することで得られるエネルギーのことを二次エネルギーという。

### 暖房デグリーデー だんぼう
暖房負荷を計算するときに用いる指標で、「全暖房期間の室温と外気温の差×暖房日数」で求められる。暖房度日ともいう。たとえば、暖房設定温度18℃、外気温10℃以下の日数を年間で集計したものを、D18｜10というように表記する。当然、寒冷地のほうが数値は大きくなる。

### 日射取得 にっしゃしゅとく
窓などから日射が室内に入り込んでくること。室内へ侵入した日射によって、室内の壁や床の表面温度が上昇し、室内気温も上昇する。冬期に日射の多い地域などでは、窓を大きく取り、大量の日射取得を得ることで、暖房費を大幅に削減することが可能になる。

### 床暖房 ゆかだんぼう
床面からの熱伝導と輻射で暖房するシステム。床面を温かくすることで室内の上下温度差が小さくなり、室温が低くても体感的には暖かく感じられる（図15）。主に発熱体または蓄熱体を床材直下に組み込み、これに通電して加温する電気式と、外部に熱源を持ちそこで温水を作り、この温水を配管により床材直下に導いて床材を加温する温水式に分けられる。なお、オンドルや床下暖房なども広義には床暖房に含むことができ、これらは床下空間に温風を送り込むことで床全体を加温する仕組みであるため温風式と呼ばれる。

### ボイラー
密閉した容器内に水や熱媒を入れ、ガスや電気によって加熱し、圧力のある蒸気もしくは温水をつくる熱交換装置をもつ熱源機器のこと。

### 床下暖房 ゆかしただんぼう
基礎と床に囲まれた床下空間の空気を暖めることで、床面や床面に設置されたガラリを通って室内を暖める暖房方式（図16）。主にFFストーブやエアコン、温水放熱器などが使われる。簡易な全室暖房として、寒冷地を中心に普及した。

### エアコン
エア・コンディショナーの略称で、室内の空気の温度や湿度などを調整する設備。ヒートポンプによって熱交換することで室内を冷やしたり暖めたりする。日本では最も普及している冷暖房機で、メーカーの開発競争もあり市販品を中心に価格も安く、省エネ性も年々向上している。

### ヒートポンプ
熱媒体などを用いて低温の物体から高温の物体に熱を運ぶ装置（図17）。蒸発器での採熱と凝縮器での放熱を入れ替えることで冷却と加熱を逆転させ、冷暖房機器として使用可能な空調機器に応用している。ヒートポンプの空調機器は、熱源として水を利用するものと空気を利用するものに大別される。エアコンは空気を熱源に利用した代表的なートポンプ方式の空調機器である。

### COP しーおーぴー
Coefficient Of Performance（成長係数）の頭文字をとった略称で、消費電力1kWを使ってどれだけの冷却・加熱効果を得られるかという指標である。主にエアコンやエコキュートなどヒートポンプを利用する機器で使われ、この数値によりその製品の運転効率がおおよそ把握でいる。COPは冷房と暖房で数値が異なるため、その平均値を「冷暖房平均COP」として評価することが大きい。COPは「COP=5」などで表記され、COP=5であれば、その製品は消費する電力量に対し5倍の能力を発揮していることになる。

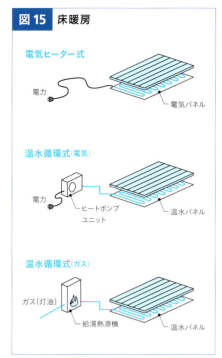

図15 床暖房

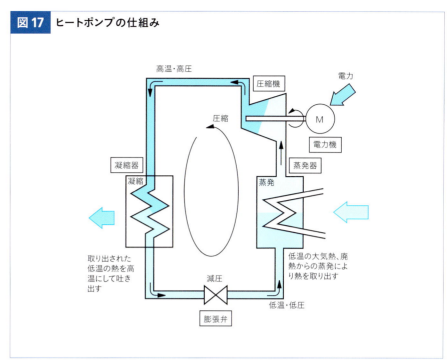

図17 ヒートポンプの仕組み

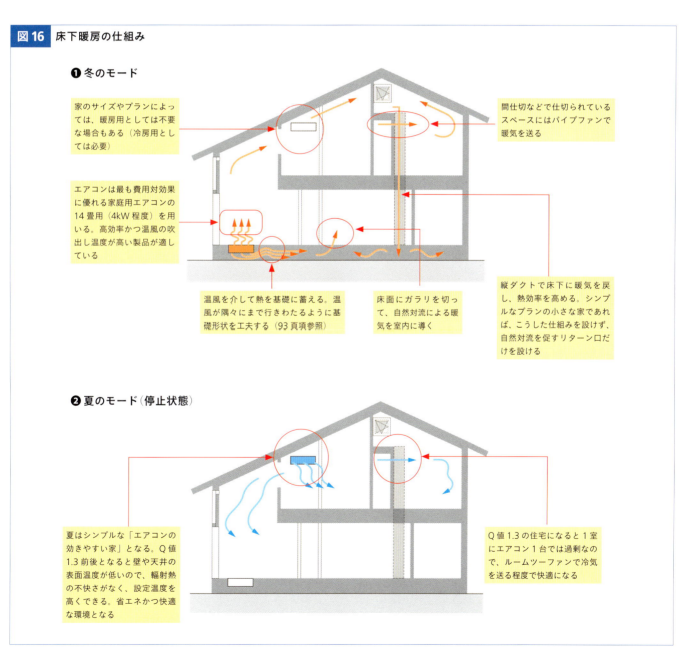

図16 床下暖房の仕組み

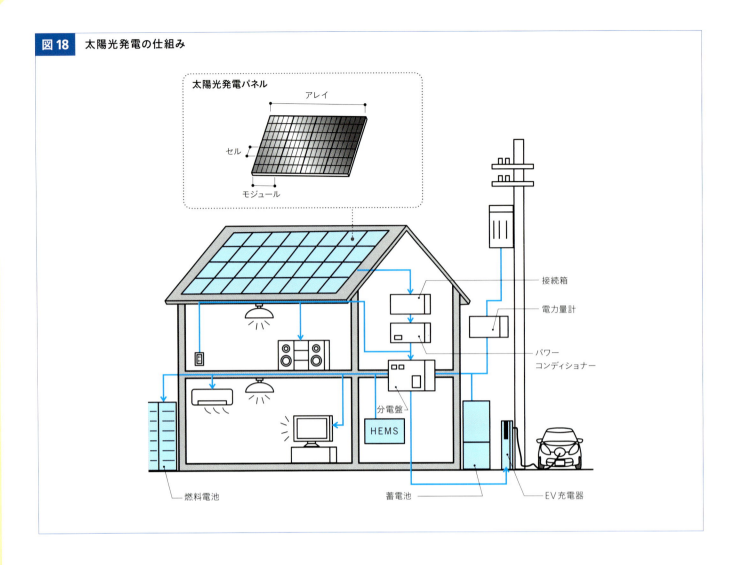

図18 太陽光発電の仕組み

### FFストーブ えふえふストーブ
FFはForced Flue（強制送気管）の略で、壁を貫通する給排気筒に直接暖房器を取り付けられた暖房機器のこと。給排気筒から室外の空気を給気し、燃焼後の燃焼ガスは給排気筒から室外に排気するため、暖房中もお部屋の空気を汚さず、換気の必要もない。燃料には主に石油やガスなどが利用される。

### エコキュート
自然冷媒ヒートポンプ給湯機のことで、ヒートポンプ技術を利用して空気の熱で湯を沸かすことができる。湯は主に電気料金の安い深夜電力を利用してつくられた後にタンクに貯められ、日中はそのタンクから家事や風呂などに利用される。なお、エコキュートは関西電力の登録商標だが、国内の電力会社・給湯機メーカーの多くがその名前で製品を販売している。

### エコジョーズ
潜熱回収型ガス給湯器。湯沸しなどのガス燃焼時に今まで捨てられていた排気熱を再利用することで、従来では約80％程度だった給湯熱効率が95％に向上している。現在では、国内のガス機器メーカーが生産するすべてのガス給湯器がエコジョーズに切り替わっている。

### ショートサーキット
給気口（給気ファン）と排気口（排気ファン）の位置が近すぎて、狭い範囲で空気が循環してしまう現象のこと。給気された外気が、建物や部屋全体に行き渡らないため換気不足となる。

### 薪ストーブ まきストーブ
薪を燃料とする暖房器具で、主に鉄製の容器の中で薪を燃やし、その熱で容器（炉）そのものを熱し、表面から放出される熱や温風を暖房に使う。容器は密閉式なので、室内に煙などが充満することはない。薪を燃焼した際に放出される$CO_2$は木の成長によって回収されるため、カーボンニュートラルなエコ暖房であるといえる。

### ペレットストーブ
木質ペレット（おが粉やかんな屑など製材副産物を圧縮成型した小粒の固形燃料）を燃料とするストーブのこと。地球温暖化対策や資源の有効利用などの点から非常にエコロジーな暖房設備である。薪ストーブと比べると、燃料の保管スペースが少なくて済む、使用時の火力調整や燃料供給がやりやすく、煙もほとんど出ないなどの特徴があり、都市部での利用にも向いている。また、このような薪ストーブの弱点を補完する特徴をもつため、薪ストーブと併用タイプの製品も出ている。

### 太陽光発電 たいようこうはつでん
太陽電池を用いて太陽光を直接的に電力に変換する発電方式（図18）。再生可能エネルギーのなかでも特に国が強く普及を促進しており、さまざまな補助金の交付や優遇政策が行われている。また、国際的なメーカー間競争も激しく、価格も年々安価になってきている。なお、光エネルギーを電力に変換する発電機のことは太陽電池といい、太陽電池（セル）

を複数枚直並列接続して必要な電圧と電流を得られるようにしたパネル状の製品単体をソーラーパネル（太陽電池パネル）という。

### 太陽熱給湯　たいようねつきゅうとう

太陽エネルギーを利用して温水をつくり出す設備（図19）。太陽の放射熱を集める集熱器とタンクで構成され、給湯や暖房などに使用される。太陽光発電に比べてエネルギー効率がよく、また仕組みも簡易なため壊れにくい特徴をもつ。

## ■その他用語

### 断熱欠損　だんねつけっそん

断熱が必要な面であるにもかかわらず、施工上のミスにより、もしくほかの物質面（壁面）に伝わる（移動する）現象。

### 輻射（放射）　ふくしゃ（ほうしゃ）

熱の移動の仕方3形態（放射・対流・伝導）のうちの1つ。任意の2つの物体が一定の距離で離れている場合に、その2つの物体の間では必ず熱い方から冷たいほうに向かって、電磁波のかたちで熱が移動していることを指す。1億5千万キロも離れた太陽から真空の宇宙空間を隔てて熱を受け取ることができるのも、輻射による現象である。単位面積当たりの放射受熱量は、距離の2乗に反比例する。

### 熱橋・冷橋　ねっきょう・れいきょう

ヒートブリッジ・コールドブリッジともいう。躯体内でほかの部分と比べて桁違いに熱をよく伝える部材を用いた場合、その部分は熱的な弱点部となり、夏（冬）は室内側のその部分に大幅な温度上昇（温度降下）が生じるため、その部分を熱橋（冷橋）という。

### コールドドラフト

冬期など、窓ガラスなどで冷やされて比重が大きくなった空気が下降気流となり、床面を這って人の体感温度を下げること。

### 壁内結露　かべないけつろ

壁の内部に浸入した水蒸気が冷やされ結露する現象。壁の防湿・気密層が隙間なく施工されていなかったり、壁の断熱性能が低かったりする場合に発生する。壁体内結露ともいう。

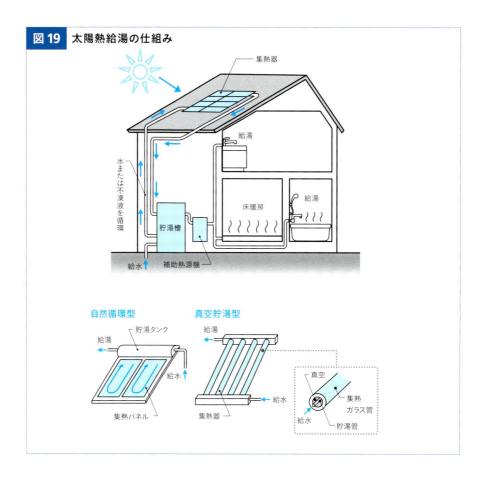

図19　太陽熱給湯の仕組み

### 透湿抵抗　とうしつていこう

材料内の湿気（水蒸気）移動しにくさのこと。透湿抵抗値は（㎡・s・Pa）／ngで表される。壁内結露を防ぐために、壁の内側は透湿抵抗値が高く、壁の外側は透湿抵抗値が低い建材で構成するのが望ましい。

### 熱容量　ねつようりょう

$1m^3$の物体の温度を1℃上昇させるのに必要な熱量のこと。熱容量が大きいとは、物体の温度を上昇させるのに必要な熱量が大きいということで、熱をたくさん蓄える能力を持っていると言い換えることができる。コンクリートは木材に比べて熱容量が大きく、そのぶん蓄熱量も大きいといえる。

### 自立循環型住宅　じりつじゅんかんがたじゅうたく

従来のエネルギーに頼らず、自然エネルギーを活用しながら生活することを目的とした住宅のこと。（財）建築環境・省エネルギー機構が具体的な設計ガイドラインを提示、講習会やテキストなどを通して普及を進めている。

### パッシブハウス

ドイツの民間研究所であるパッシブハウス研究所が、1991年に制定した省エネ基準。日本の省エネ基準と比べてもはるかに厳しいが、国内でも認定住宅が全国で建ちはじめている。なお、パッシブハウスの基準は次の3条件を満たすことである。①年間暖房負荷が15kwh／㎡以下、②家電を含む家全体の一次エネルギー消費量が120kwh／㎡以下、③気密性能が50Paでの加圧、減圧法の平均において0.6回／h以下（日本のC値換算で0.2～0.4程度）。EUでは2020年に新築住宅で義務化される予定だ。

### Q1.0住宅　きゅーわんじゅうたく

民間の技術開発団体である新住協が定めた住宅の断熱性能基準。Qは熱損失係数（Q値）から来ており、北海道の次世代省エネ基準住宅で全室連続暖房をした場合の暖房費を半分に削減するのにQ値で1.0W／$m^2$K前後が、本州各地でもQ値1.0台（2.0未満）が必要なため、こう名付けられた。

# エコハウス現場用語辞典
## 索引

### あ
- R値 ［あーるち］ ……… 090
- 圧損 ［あっそん］ ……… 095
- アルゴンガス ［アルゴンガス］ ……… 094
- アルミ樹脂複合サッシ ［アルミじゅしふくごうサッシ］ ……… 094
- η値 ［いーたち］ ……… 090
- 一次エネルギー ［いちじエネルギー］ ……… 096
- 打込み工法 ［うちこみこうほう］ ……… 087
- エアコン ……… 096
- エコキュート ……… 098
- エコジョーズ ……… 098
- FFストーブ ［えふえふストーブ］ ……… 098
- 押出し法ポリスチレンフォーム ［おしだしほうポリスチレンフォーム］ ……… 092

### か
- 外皮平均日射熱取得率 ［がいひへいきんにっしゃねつしゅとくりつ］ ……… 090
- 外皮平均熱貫流率 ［がいひへいきんねつかんりゅうりつ］ ……… 090
- 壁内結露 ［かべないけつろ］ ……… 099
- 換気回数 ［かんきかいすう］ ……… 095
- 機械換気 ［きかいかんき］ ……… 095
- 気積 ［きせき］ ……… 095
- 基礎断熱 ［きそだんねつ］ ……… 086
- 気密コンセントボックスカバー ［きみつコンセントボックスカバー］ ……… 093
- 気密層 ［きみつそう］ ……… 089
- 気密測定 ［きみつそくてい］ ……… 089
- 気密パッキン ［きみつパッキン］ ……… 093
- 気密テープ ［きみつパッキン］ ……… 093
- 旧省エネ基準 ［きゅうしょうエネきじゅん］ ……… 090
- Q値 ［きゅーち］ ……… 090
- Q1.0住宅 ［きゅーわんじゅうたく］ ……… 099
- 気流止め ［きりゅうどめ］ ……… 088
- グラスウール ……… 091
- 桁上断熱 ［けたうえだんねつ］ ……… 087
- 顕熱交換器 ［けんねつこうかんき］ ……… 095
- 現場発泡ウレタン ［げんばはっぽうウレタン］ ……… 092
- 硬質ウレタンフォーム ［こうしつウレタンフォーム］ ……… 092
- コールドドラフト ……… 099

### さ
- 先張りシート ［さきばりシート］ ……… 089
- COP ［しーおーぴー］ ……… 096
- C値 ［しーち］ ……… 090
- シート気密 ［シートきみつ］ ……… 088
- 次世代省エネ基準 ［じせだいしょうエネきじゅん］ ……… 091
- 自然温度差 ［しぜんおんどさ］ ……… 096
- 自然換気 ［しぜんかんき］ ……… 095
- 住宅性能表示制度 ［じゅうたくせいのうひょうじせいど］ ……… 091
- 充填断熱 ［じゅうてんだんねつ］ ……… 086
- 樹脂サッシ ［じゅしサッシ］ ……… 094
- 省エネ法 ［しょうエネほう］ ……… 090
- ショートサーキット ……… 098
- 自立循環型住宅 ［じりつじゅんかんがたじゅうたく］ ……… 099
- 新省エネ基準 ［しんしょうエネきじゅん］ ……… 090
- ZEH ［ぜっち］ ……… 091
- セルロースファイバー ……… 091
- 全熱交換器 ［ぜんねつこうかんき］ ……… 095
- 相当隙間面積 ［そうとうすきまめんせき］ ……… 090
- 外付けブラインド ［そとづけブラインド］ ……… 094
- 外張り断熱 ［そとばりだんねつ］ ……… 086

### た
- 第1種換気方式 ［だいいっしゅかんきほうしき］ ……… 095
- 第3種換気方式 ［だいさんしゅかんきほうしき］ ……… 096
- 第2種換気方式 ［だいにしゅかんきほうしき］ ……… 096
- 太陽光発電 ［たいようこうはつでん］ ……… 098
- 太陽熱給湯 ［たいようねつきゅうとう］ ……… 099
- ダクト ……… 095
- 断熱欠損 ［だんねつけっそん］ ……… 099
- 断熱ブラインド ［だんねつブラインド］ ……… 094
- 断熱補強 ［だんねつほきょう］ ……… 089
- 暖房デグリーデー ［だんぼう］ ……… 096
- 暖房負荷 ［だんぼうふか］ ……… 096
- チャンバー ……… 095

- 長期優良住宅 ［ちょうきゆうりょうじゅうたく］……091
- 通気スペーサー ［つうきスペーサー］……093
- 通気層 ［つうきそう］……089
- 通気胴縁 ［つうきどうぶち］……093
- 天井断熱 ［てんじょうだんねつ］……087
- 透湿係数 ［とうしつけいすう］……090
- 透湿抵抗 ［とうしつていこう］……090
- 透湿抵抗 ［とうしつていこう］……099
- 透湿防水シート ［とうしつぼうすいシート］……092
- トリプルガラス……094

## な

- 24時間換気 ［にじゅうよじかんかんき］……096
- 日射取得 ［にっしゃしゅとく］……096
- 熱貫流率 ［ねつかんりゅうりつ］……090
- 熱橋 ［ねっきょう］……099
- 熱交換換気 ［ねつこうかんかんき］……095
- 熱損失係数 ［ねつそんしつけいすう］……090
- 熱抵抗 ［ねつていこう］……090
- 熱伝導率 ［ねつでんどうりつ］……090
- 熱容量 ［ねつようりょう］……099

## は

- パイプファン……095
- パッシブハウス……099
- ビーズ法ポリスチレンフォーム ［ビーズほうポリスチレンフォーム］……092
- ヒートポンプ……096
- ファン……095
- フェノールフォーム……092
- 付加断熱 ［ふかだんねつ］……087
- 吹込み工法 ［ふきこみこうほう］……087
- 吹付け工法 ［ふきつけこうほう］……087
- 輻射 ［ふくしゃ］……099
- ペレットストーブ……098
- ボイラー……096
- 防湿気密シート ［ぼうしつきみつシート］……092
- 防湿層 ［ぼうしつそう］……089
- 放射 ［ほうしゃ］……099
- 防風層 ［ぼうふうそう］……089
- ボード気密 ［ボードきみつ］……088

## ま

- 薪ストーブ ［まきストーブ］……098
- 木質繊維ボード断熱材 ［もくしつせんいボードだんねつざい］……092
- 木製サッシ ［もくせいサッシ］……094

## や

- 屋根断熱 ［やねだんねつ］……087
- $U_A$値 ［ゆーえーち］……090
- U値 ［ゆーち］……090
- 床下暖房 ［ゆかしただんぼう］……096
- 床暖房 ［ゆかだんぼう］……096
- 羊毛断熱材 ［ようもうだんねつざい］……091

## ら

- 冷橋 ［れいきょう］……099
- 冷房負荷 ［れいぼうふか］……096
- Low-E ［ろういー］……094
- ロックウール……091

## プロフィール

### 岸野浩太（きしの・こうた）

1975年北海道千歳市生まれ、4歳で埼玉県に転居。'98年日本大学工学部建築学科卒業後、東京都内の設計事務所に勤務し、共同住宅や事務所ビルなどの設計・監理、分離発注（CM方式）による住宅の設計・施工などを担当。2005年夢・建築工房入社、'13年同社代表取締役。1級建築士。一般社団法人新木造住宅技術研究協議会（新住協）理事。

### 夢・建築工房（ゆめ・けんちくこうぼう）

埼玉県東松山市西本宿1847（事務所）
埼玉県東松山市元宿1-8-13（営業所）

| | |
|---|---|
| TEL | 0120-14-1118 |
| | 0493-35-0010 |
| FAX | 0493-35-0090 |
| 事業内容 | 注文住宅 |
| | リノベーション |
| | 各種リフォーム |
| | 修理営繕工事 |

おわりに

写真帖というだけあって、とにかく大変だったのは膨大な現場写真のなかから、工程や確認事項に合わせて適切な写真を選ぶ作業でした。家を一棟つくり上げるためにどれだけの工程や確認すべきことがあるのか、そしてそのすべての工程で防湿・気密・断熱・防水・防風などの機能や性能を考えながら施工するというその難しさを改めて知る機会になりました。自らの気を引き締めるとともに、この本が少しでも読者の皆さんの家づくりのお役に立てることを期待します。

最後に、本書で紹介した施工写真は、ゆめけんの家づくりに携わっていただいた職人さん・メーカーさん・ゆめけんスタッフ、そしてゆめけんに家を託していただいた施主の皆さんからの贈り物であり宝物です。改めて感謝させていただくとともに、これからもよりよい家づくりにまい進していきたいと思います。

夢・建築工房　岸野浩太

## エコハウス現場写真帖

2018年9月25日　初版第一刷発行
2021年4月2日　　第二刷発行

著者　　　岸野浩太
発行者　　澤井聖一
発行所　　株式会社エクスナレッジ
　　　　　〒106-0032　東京都港区六本木7-2-26
　　　　　https://www.xknowledge.co.jp/

問合せ先　編集　Tel 03-3403-1381
　　　　　　　　Fax 03-3403-1345
　　　　　　　　info@xknowledge.co.jp

　　　　　販売　Tel 03-3403-1321
　　　　　　　　Fax 03-3403-1829

落丁・乱丁は販売部にてお取り替え致します。本誌掲載記事(本文、図表、イラストなど)を当社および著作権者の承諾なしに無断で転載(翻訳、複写、データベースへの入力、インターネットでの掲載など)することを禁じます。